Guy de Maupassant

Boule de suif

Présentation et notes
par Nicole et Norbert Maritzen

Ernst Klett Verlag
Stuttgart Düsseldorf Leipzig

Table des matières

Maupassant

Sa vie

Guy de Maupassant est né en 1850 au château de Miromesnil, près de Dieppe en Normandie, dans une famille bourgeoise. Malgré la séparation de ses parents, il passe une jeunesse heureuse et libre, durant laquelle il apprend à connaître intimement la campagne normande et ses habitants. Il fait ses études au séminaire d'Yvetot, puis au lycée de Rouen où son correspondant, le poète Boulhet, encourage ses débuts poétiques.

En 1869 il se rend à Paris pour y faire des études de droit. Pendant la guerre franco-allemande de 1870–1871, il est affecté à l'intendance et fait campagne dans la région de Rouen. S'il ne participe pas directement aux combats, il assiste à la débâcle dont il évoquera les scènes dans plusieurs nouvelles.

Après 1871, il occupe, pour gagner sa vie, de modestes emplois de commis dans des ministères à Paris. Entre 1871 et 1880 il fait son apprentissage d'écrivain sous la direction de Flaubert qui l'entraîne à observer la réalité de manière personnelle et à travailler son style.

La nouvelle «Boule de suif», parue en 1880 dans un recueil collectif, «Les Soirées de Médan», lui vaut son premier succès. Il se consacre alors entièrement à la littérature et publie de 1880 à 1891 environ trois cents nouvelles, inspirées souvent par la Normandie, son paysage et ses habitants, et six romans dont «Une vie» (1883), «Bel Ami» (1885) et «Pierre et Jean» (1888). La réussite littéraire lui ouvre les portes de la haute société, l'enrichit et lui permet de voyager.

Une maladie nerveuse aggravée par le surmenage et les excès altère peu à peu sa santé physique et morale. Hospitalisé en 1891 après une tentative de suicide, il sombre dans la folie et meurt en 1893.

«Boule de suif»

La nouvelle a été écrite pour «Les Soirées de Médan», volume collectif de récits consacrés à la guerre de 70–71 que ses auteurs, dont Zola, avaient d'abord voulu intituler «L'invasion comique». Le recueil, et tout particulièrement «Boule de suif», connaît un vif succès et rend Maupassant célèbre du jour au lendemain. Dans une lettre, ce dernier en définit l'intention:

«Nous n'avons eu, en faisant ce livre, aucune intention antipatriotique, ni aucune intention quelconque; nous avons voulu seulement tâcher de donner à nos récits une note juste sur la guerre (…) Les généraux, au lieu d'être tous des puits de mathématiques où bouillonnent les plus nobles sentiments, les grands élans généreux, sont simplement des êtres médiocres comme les autres, mais portant en plus des képis galonnés et faisant tuer des hommes sans aucune mauvaise intention, par simple stupidité. Cette bonne foi de notre part dans l'appréciation des faits militaires donne au volume entier une drôle de gueule, et notre désintéressement voulu où chacun apporte inconsciemment de la passion exaspérera mille fois plus les bourgeois que des attaques à fond de train. Ce ne sera pas antipatriotique mais simplement vrai.» [*]

«Boule de suif» s'inspire d'un fond de réalité. Les principaux acteurs, l'héroïne, Cornudet, Carré-Lamadon, ont été créés d'après des personnages réels et Maupassant a entendu parler de l'anecdote qui constitue le centre du récit par l'un de ses oncles. L'atmosphère surtout de la nouvelle est exacte, car l'auteur y utilise ses propres observations en tant que témoin de la déroute des troupes françaises, de l'invasion allemande et des réactions de la population normande. Au moment où il travaille à «Boule de suif», il écrit à Flaubert: «Ce que je dis des Rouennais est encore beaucoup au-dessous de la réalité.»

[*] Cité d'après: Maupassant: Contes et nouvelles I, Paris 1974.

Le contexte historique

L'Empire

Le Second Empire (par opposition à l'Empire de Napoléon Ier) est établi par Napoléon III à la suite du coup d'Etat du 2 décembre 1851. Malgré une évolution vers une forme libérale, après des débuts plutôt autoritaires, le régime n'arrive pas à conquérir l'opinion publique et à faire taire l'opposition, dont le parti orléaniste (p. **15**,11; **33**,22), partisan de la famille du roi Louis Philippe (p. **15**,16), et surtout les différents courants démocratiques («le démoc» p. **15**,39). A l'extérieur, des guerres ou expéditions diverses n'apportent que des avantages incertains (guerre de Crimée 1854–56; guerre d'Italie et d'Autriche 1859; p. **43**,29).

La guerre franco-allemande (1870–1871)

Déclarée par la France à la Prusse le 19 juillet 1870, la guerre commence par une série de désastres pour l'armée française dans l'est de la France. La capitulation de Sedan où l'Empereur Napoléon III est fait prisonnier provoque à Paris les événements du 4 septembre (p. **16**) qui entraînent la chute de l'empire bonapartiste et la proclamation de la 3e République (1870–1918). Commence alors le siège de Paris (19 septembre – 28 janvier) à la suite duquel les troupes allemandes réussissent à occuper la presque totalité du Nord, contraignant ainsi le gouvernement de la Défense nationale à capituler et signer l'armistice (28 janvier 1871). Par la paix de Francfort (10 mai 1871), la France cède l'Alsace moins Belfort et une partie de la Lorraine. Le 18 janvier 1871, à Versailles, le roi de Prusse est proclamé empereur d'Allemagne Guillaume Ier.

Boule de suif

Pendant plusieurs jours de suite des lambeaux d'armée en déroute avaient traversé la ville. Ce n'était point de la troupe, mais des hordes débandées. Les hommes avaient la barbe longue et sale; des uni-
5 formes en guenilles, et ils avançaient d'une allure molle, sans drapeau, sans régiment. Tous semblaient accablés, éreintés, incapables d'une pensée ou d'une résolution, marchant seulement par habitude, et tombant de fatigue sitôt qu'ils s'arrêtaient. On voyait
10 surtout des mobilisés, gens pacifiques, rentiers tranquilles, pliant sous le poids du fusil; des petits moblots alertes, faciles à l'épouvante et prompts à l'enthousiasme, prêts à l'attaque comme à la fuite; puis, au milieu d'eux, quelques culottes rouges, débris
15 d'une division moulue dans une grande bataille; des artilleurs sombres alignés avec ces fantassins divers; et, parfois, le casque brillant d'un dragon au pied pesant qui suivait avec peine la marche plus légère des lignards.
20 Des légions de francs-tireurs aux appellations héroïques: «les Vengeurs de la Défaite – les Citoyens de la Tombe – les Partageurs de la Mort» – passaient à leur tour, avec des airs de bandits.

Leurs chefs, anciens commerçants en draps ou en
25 graines, ex-marchands de suif ou de savon, guerriers de circonstance, nommés officiers pour leurs écus ou la longueur de leurs moustaches, couverts d'armes, de flanelle et de galons, parlaient d'une voix retentissante, discutaient plans de campagne, et préten-
30 daient soutenir seuls la France agonisante sur leurs épaules de fanfarons; mais ils redoutaient parfois leurs propres soldats, gens de sac et de corde, souvent braves à outrance, pillards et débauchés.

Les Prussiens allaient entrer dans Rouen, disait-on.

le lambeau une partie arrachée
la déroute une fuite désordonnée
débandé,e en désordre
les guenilles f des vêtements m sales et déchirés
accablé,e niedergeschlagen
éreinté,e très fatigué
le fusil Gewehr
le moblot fam vx un soldat de la garde nationale mobile
l'épouvante f une peur violente et soudaine
la culotte rouge un soldat de l'infanterie qui portait un pantalon rouge
le débris le morceau
moulu,e ici: aufgerieben
le fantassin un soldat de l'infanterie
le lignard nom populaire du soldat de l'infanterie de ligne
le franc-tireur un soldat qui n'appartient pas à une armée régulière
le vengeur Rächer
la défaite le fait de perdre une bataille, une guerre
le drap vx le tissu
les écus m vx l'argent m
le galon Tresse
d'une voix retentissante d'une voix qui s'entend très bien
agonisant,e mourant
le fanfaron Prahler
les gens m de sac et de corde fig des malfaiteurs m
à outrance exagérément
pillard qui pille, plündernd
débauché,e ici: Wüstling

6

La Garde nationale qui, depuis deux mois, faisait des reconnaissances très prudentes dans les bois voisins, fusillant parfois ses propres sentinelles, et se préparant au combat quand un petit lapin remuait
5 sous des broussailles, était rentrée dans ses foyers. Ses armes, ses uniformes, tout son attirail meurtrier dont elle épouvantait naguère les bornes des routes nationales à trois lieues à la ronde, avaient subitement disparu.
10 Les derniers soldats français venaient enfin de traverser la Seine pour gagner Pont-Audemer par Saint-Sever et Bourg-Achard; et, marchant après tous, le général, désespéré, ne pouvant rien tenter avec ces loques disparates, éperdu lui-même dans la
15 grande débâcle d'un peuple habitué à vaincre et désastreusement battu malgré sa bravoure légendaire, s'en allait à pied, entre deux officiers d'ordonnance.

Puis un calme profond, une attente épouvantée et
20 silencieuse avaient plané sur la cité. Beaucoup de bourgeois bedonnants, émasculés par le commerce, attendaient anxieusement les vainqueurs, tremblant qu'on ne considérât comme une arme leurs broches à rôtir ou leurs grands couteaux de cuisine.
25 La vie semblait arrêtée, les boutiques étaient closes, la rue muette. Quelquefois un habitant, intimidé par ce silence, filait rapidement le long des murs.

L'angoisse de l'attente faisait désirer la venue de
30 l'ennemi.

Dans l'après-midi du jour qui suivit le départ des troupes françaises, quelques uhlans, sortis on ne sait d'où, traversèrent la ville avec célérité. Puis, un peu plus tard, une masse noire descendit de la côte
35 Sainte-Catherine, tandis que deux autres flots envahisseurs apparaissaient par les routes de Darnetal et de Boisguillaume. Les avant-gardes des trois corps, juste au même moment, se joignirent sur la place de l'Hôtel-de-Ville; et, par toutes les rues voisi-
40 nes, l'armée allemande arrivait, déroulant ses batail-

la reconnaissance *ici:* une opération militaire pour obtenir des renseignements *m* sur l'ennemi *m*
la sentinelle Wache
le combat Kampf
la broussaille Gestrüpp
le foyer *fig* la maison
un attirail Ausrüstung
naguère autrefois
la borne Meilenstein
à trois lieues à la ronde im Umkreis von drei Meilen

la loque Fetzen
disparate différent, qui ne va pas ensemble
éperdu,e außer sich
la débâcle Zusammenbruch
vaincre gagner
la bravoure le courage

bedonnant,e qui a un gros ventre
émasculé,e verweichlicht
anxieusement avec grande peur *f*
la broche à rôtir Bratspieß
clos,e fermé

la célérité la rapidité

le flot la vague
envahisseur eindringend

se joindre se rencontrer

lons qui faisaient sonner les pavés sous leur pas dur et rythmé.

Des commandements criés d'une voix inconnue et gutturale montaient le long des maisons qui sem-
5 blaient mortes et désertes, tandis que, derrière les volets fermés, des yeux guettaient ces hommes victorieux, maîtres de la cité, des fortunes, et des vies de par le «droit de guerre». Les habitants, dans leurs chambres assombries, avaient l'affolement que don-
10 nent les cataclysmes, les grands bouleversements meurtriers de la terre, contre lesquels toute sagesse et toute force sont inutiles. Car la même sensation reparaît chaque fois que l'ordre établi des choses est renversé, que la sécurité n'existe plus, que tout ce
15 que protégeaient les lois des hommes ou celles de la nature, se trouve à la merci d'une brutalité inconsciente et féroce. Le tremblement de terre écrasant sous les maisons croulantes un peuple entier; le fleuve débordé qui roule les paysans noyés avec les
20 cadavres des bœufs et les poutres arrachées aux toits, ou l'armée glorieuse massacrant ceux qui se défendent, emmenant les autres prisonniers, pillant au nom du Sabre et remerciant un Dieu au son du canon, sont autant de fléaux effrayants qui déconcer-
25 tent toute croyance à la justice éternelle, toute la confiance qu'on nous enseigne en la protection du ciel et la raison de l'homme.

Mais à chaque porte des petits détachements frappaient, puis disparaissaient dans les maisons. C'était
30 l'occupation après l'invasion. Le devoir commençait pour les vaincus de se montrer gracieux envers les vainqueurs.

Au bout de quelque temps, une fois la première terreur disparue, un calme nouveau s'établit. Dans
35 beaucoup de familles l'officier prussien mangeait à table. Il était parfois bien élevé, et, par politesse, plaignait la France, disait sa répugnance en prenant part à cette guerre. On lui était reconnaissant de ce sentiment; puis on pouvait, un jour ou l'autre, avoir
40 besoin de sa protection. En le ménageant on obtien-

le pavé Kopfsteinpflaster

guttural,e kehlig

le volet Fensterladen
guetter belauern
victorieux,se qui gagne

assombri,e qui a peu de lumière
l'affolement m la panique
le cataclysme la catastrophe
le bouleversement un changement total
meurtrier,ère qui tue

se trouver à la merci de ausgeliefert sein
écraser zermalmen
croulant,e de crouler: tomber en ruines
déborder über die Ufer treten
la poutre Balken
piller plündern, ↑ pillard
le sabre Säbel
le fléau Plage, Geißel
déconcerter ici: erschüttern

le détachement un petit groupe de soldats

gracieux,se ici: aimable, poli
le vainqueur celui qui a gagné, ↑ vaincre

la répugnance un vif dégoût
prendre part à participer à
ménager ici: vorsichtig behandeln

8

drait peut-être quelques hommes de moins à nourrir. Et pourquoi blesser quelqu'un dont on dépendait tout à fait? Agir ainsi serait moins de la bravoure que de la témérité. – Et la témérité n'est plus un défaut des bourgeois de Rouen, comme au temps des défenses héroïques où s'illustra leur cité. – On se disait enfin, raison suprême tirée de l'urbanité française, qu'il demeurait bien permis d'être poli dans son intérieur pourvu qu'on ne se montrât pas familier en public, avec le soldat étranger. Au-dehors on ne se connaissait plus, mais dans la maison on causait volontiers, et l'Allemand demeurait plus longtemps, chaque soir, à se chauffer au foyer commun.

La ville même reprenait peu à peu de son aspect ordinaire. Les Français ne sortaient guère encore, mais les soldats prussiens grouillaient dans les rues. Du reste, les officiers de hussards bleus, qui traînaient avec arrogance leurs grands outils de mort sur le pavé, ne semblaient pas avoir pour les simples citoyens énormément plus de mépris que les officiers de chasseurs, qui, l'année d'avant, buvaient aux mêmes cafés.

la témérité l'imprudence f

suprême la plus haute
l'urbanité f la politesse

ne … guère peu
grouiller wimmeln

un outil un instrument pour faire un travail manuel

le chasseur Jäger

Il y avait cependant quelque chose dans l'air, quelque chose de subtil et d'inconnu, une atmosphère étrangère intolérable, comme une odeur répandue, l'odeur de l'invasion. Elle emplissait les demeures et
5 les places publiques, changeait le goût des aliments, donnait l'impression d'être en voyage, très loin, chez des tribus barbares et dangereuses.

Les vainqueurs exigeaient de l'argent, beaucoup d'argent. Les habitants payaient toujours; ils étaient
10 riches d'ailleurs. Mais plus un négociant normand devient opulent et plus il souffre de tout sacrifice, de toute parcelle de sa fortune qu'il voit passer aux mains d'un autre.

Cependant, à deux ou trois lieues sous la ville, en
15 suivant le cours de la rivière, vers Croisset, Dieppedalle ou Biessart, les mariniers et les pêcheurs ramenaient souvent du fond de l'eau quelque cadavre d'Allemand gonflé dans son uniforme, tué d'un coup de couteau ou de savate, la tête écrasée par une
20 pierre, ou jeté à l'eau d'une poussée du haut d'un pont. Les vases du fleuve ensevelissaient ces vengeances obscures, sauvages et légitimes, héroïsmes inconnus, attaques muettes, plus périlleuses que les batailles au grand jour et sans le retentissement de la
25 gloire.

Car la haine de l'Étranger arme toujours quelques Intrépides prêts à mourir pour une Idée.

Enfin, comme les envahisseurs, bien qu'assujettissant la ville à leur inflexible discipline, n'avaient
30 accompli aucune des horreurs que la renommée leur faisait commettre tout le long de leur marche triomphale, on s'enhardit, et le besoin du négoce travailla de nouveau le cœur des commerçants du pays. Quelques-uns avaient de gros intérêts engagés au Havre
35 que l'armée française occupait, et ils voulurent tenter de gagner ce port en allant par terre à Dieppe où ils s'embarqueraient.

On employa l'influence des officiers allemands dont on avait fait la connaissance, et une autorisa-
40 tion de départ fut obtenue du général en chef.

intolérable qu'on ne peut supporter
répandu,e *ici:* schwebend
la demeure la maison
les aliments *m* la nourriture
la tribu Volksstamm

un négociant un commerçant
opulent,e riche
la parcelle un petit morceau

le marinier Flußschiffer

un coup de savate *ici:* un coup de pied

la vase Schlamm
ensevelir enterrer
la vengeance Rache, ↑ le vengeur
muet,te qui ne parle pas
périlleux,se dangereux
le retentissement Widerhall
un intrépide qn qui n'a peur de rien
assujettir à soumettre à
accomplir faire
commettre faire
s'enhardir devenir plus courageux
le négoce le commerce (↑ le négociant)

gagner *ici:* aller à
s'embarquer prendre le bateau

Donc, une grande diligence à quatre chevaux ayant été retenue pour ce voyage, et dix personnes s'étant fait inscrire chez le voiturier, on résolut de partir un mardi matin, avant le jour, pour éviter tout rassem-
5 blement.

Depuis quelque temps déjà la gelée avait durci la terre, et le lundi, vers trois heures, de gros nuages noirs venant du nord apportèrent la neige, qui tomba sans interruption pendant toute la soirée et toute la
10 nuit.

À quatre heures et demie du matin, les voyageurs se réunirent dans la cour de l'Hôtel de Normandie, où l'on devait monter en voiture.

Ils étaient encore pleins de sommeil et grelottaient
15 de froid sous leurs couvertures. On se voyait mal dans l'obscurité, et l'entassement des lourds vêtements d'hiver faisait ressembler tous ces corps à des curés obèses avec leurs longues soutanes. Mais deux hommes se reconnurent, un troisième les aborda, ils
20 causèrent: «J'emmène ma femme, dit l'un. – J'en fais autant. – Et moi aussi.» Le premier ajouta: «Nous ne reviendrons pas à Rouen, et si les Prussiens approchent du Havre nous gagnerons l'Angleterre.» Tous avaient les mêmes projets, étant de complexion
25 semblable.

Cependant on n'attelait pas la voiture. Une petite lanterne, que portait un valet d'écurie, sortait de temps à autre d'une porte obscure pour disparaître immédiatement dans une autre. Des pieds de
30 chevaux frappaient la terre, amortis par le fumier des litières, et une voix d'homme parlant aux bêtes et jurant s'entendait au fond du bâtiment. Un léger murmure de grelots annonça qu'on maniait les harnais; ce murmure devint bientôt un frémissement
35 clair et continu, rythmé par le mouvement de l'animal, s'arrêtant parfois, puis reprenant dans une brusque secousse qu'accompagnait le bruit mat d'un sabot ferré battant le sol.

la diligence une voiture à chevaux pour voyageurs
le voiturier *vx* celui qui s'occupe du transport
résoudre de décider de

la gelée une température sous zéro
durcir rendre dur

sans interruption *f* sans arrêt *m*

grelotter trembler de froid

l'entassement *m* das Übereinander

le curé un prêtre catholique
obèse très gros
la soutane la robe noire des curés

la complexion *vx* le caractère, le tempérament
atteler attacher les chevaux à la voiture
un valet d'écurie *f* celui qui s'occupe des chevaux

amortir dämpfen
le fumier Mist
la litière l'endroit *m* où couchent les chevaux
jurer fluchen
le grelot une petite cloche
le harnais Pferdegeschirr
la secousse *ici:* le mouvement brusque des chevaux
le sabot ferré beschlagener Huf

La porte subitement se ferma. Tout bruit cessa. Les bourgeois, gelés, s'étaient tus: ils demeuraient immobiles et roidis.

Un rideau de flocons blancs ininterrompu
5 miroitait sans cesse en descendant vers la terre; il effaçait les formes, poudrait les choses d'une mousse de glace, et l'on n'entendait plus, dans le grand silence de la ville calme et ensevelie sous l'hiver que ce froissement vague, innommable et flottant de la
10 neige qui tombe, plutôt sensation que bruit, entremêlement d'atomes légers qui semblaient emplir l'espace, couvrir le monde.

L'homme reparut, avec sa lanterne, tirant au bout d'une corde un cheval triste qui ne venait pas volon-
15 tiers. Il le plaça contre le timon, attacha les traits, tourna longtemps autour pour assurer les harnais, car il ne pouvait se servir que d'une main, l'autre portant sa lumière. Comme il allait chercher la seconde bête, il remarqua tous ces voyageurs immobiles, déjà
20 blancs de neige, et leur dit: «Pourquoi ne montez-vous pas dans la voiture? vous serez à l'abri, au moins.»

Ils n'y avaient pas songé, sans doute, et ils se précipitèrent. Les trois hommes installèrent leurs femmes
25 dans le fond, montèrent ensuite; puis les autres formes indécises et voilées prirent à leur tour les dernières places sans échanger une parole.

Le plancher était couvert de paille où les pieds s'enfoncèrent. Les dames du fond, ayant apporté des
30 petites chaufferettes en cuivre avec un charbon chimique, allumèrent ces appareils, et, pendant quelque temps, à voix basse, elles en énumérèrent les avantages, se répétant des choses qu'elles savaient déjà depuis longtemps.

35 Enfin, la diligence étant attelée avec six chevaux au lieu de quatre à cause du tirage plus pénible, une voix de dehors demanda: «Tout le monde est-il monté?» Une voix du dedans répondit: «Oui.» On partit.

roidi,e *vx* raidi, starr
le rideau Vorhang
le flocon la neige tombe en flocons
miroiter briller comme un miroir, une glace
poudrer mettre de la poudre
le froissement Knistern
un entremêlement *ici:* Durcheinander

le timon Deichsel
le trait Zugseil, Strang

à l'abri *m* protégé

indécis,e *ici:* pas clair, pas net
voilé,e recouvert d'un voile
la paille Stroh

la chaufferette un petit appareil de chauffage pour les pieds

le tirage le fait de tirer

La voiture avançait lentement, lentement, à tous petits pas. Les roues s'enfonçaient dans la neige; le coffre entier geignait avec des craquements sourds; les bêtes glissaient, soufflaient, fumaient, et le fouet
5 gigantesque du cocher claquait sans repos, voltigeait de tous les côtés, se nouant et se déroulant comme un serpent mince, et cinglant brusquement quelque croupe rebondie qui se tendait alors sous un effort plus violent.
10 Mais le jour imperceptiblement grandissait. Ces flocons légers qu'un voyageur, Rouennais pur sang, avait comparés à une pluie de coton, ne tombaient plus. Une lueur sale filtrait à travers de gros nuages obscurs et lourds qui rendaient plus éclatante la
15 blancheur de la campagne où apparaissaient tantôt une ligne de grands arbres vêtus de givre, tantôt une chaumière avec un capuchon de neige.

Dans la voiture on se regardait curieusement, à la triste clarté de cette aurore.
20 Tout au fond, aux meilleures places, sommeillaient, en face l'un de l'autre, M. et Mme Loiseau, des marchands de vin en gros de la rue Grand-Pont.

le coffre *ici:* Kutschengehäuse
geindre ächzen
sourd,e *ici:* dumpf
le fouet un instrument dont le cocher se sert pour faire obéir les chevaux
le cocher le conducteur de la diligence
voltiger voler ici et là
le serpent Schlange
cingler frapper avec un fouet
la croupe Kruppe
rebondi,e rond
imperceptiblement sans qu'on le remarque
la lueur une lumière faible
filtrer *ici:* durchschimmern
le givre Reif
la chaumière une petite maison pauvre
le capuchon Kapuze
sommeiller dormir légèrement

Ancien commis d'un patron ruiné dans les affaires,
Loiseau avait acheté le fonds et fait fortune. Il ven-
dait à très bon marché de très mauvais vin aux petits
débitants des campagnes, et passait parmi ses con-
5 naissances et ses amis pour un fripon madré, un vrai
Normand plein de ruses et de jovialité.

Sa réputation de filou était si bien établie, qu'un
soir, à la préfecture, M. Tournel, auteur de fables et
de chansons, esprit mordant et fin, une gloire locale,
10 avait proposé aux dames qu'il voyait un peu som-
nolentes de faire une partie de «Loiseau vole»; le mot
lui-même vola à travers les salons du préfet, puis,
gagnant ceux de la ville, avait fait rire pendant un
mois toutes les mâchoires de la province.

15 Loiseau était en outre célèbre par ses farces de
toute nature, ses plaisanteries bonnes ou mauvaises,
et personne ne pouvait parler de lui sans ajouter
immédiatement: «Il est impayable, ce Loiseau.»

De taille exiguë, il présentait un ventre en ballon
20 surmonté d'une face rougeaude entre deux favoris
grisonnants.

Sa femme, grande, forte, résolue, avec la voix haute
et la décision rapide, était l'ordre et l'arithmétique de
la maison de commerce qu'il animait par son activité
25 joyeuse.

À côté d'eux se tenait, plus digne, appartenant à une
caste supérieure, M. Carré-Lamadon, homme consi-
dérable, posé dans les cotons, propriétaire de trois fila-
tures, officier de la Légion d'honneur et membre du
30 Conseil général. Il était resté tout le temps de l'Empire
chef de l'opposition bienveillante, uniquement pour
se faire payer plus cher son ralliement à la cause qu'il
combattait avec des armes courtoises, selon sa propre
expression. Mme Carré-Lamadon, beaucoup plus jeune
35 que son mari, demeurait la consolation des officiers de
bonne famille envoyés à Rouen en garnison.

Elle faisait vis-à-vis à son époux, toute petite, toute
mignonne, toute jolie, pelotonnée dans ses fourrures,
et regardait d'un œil navré l'intérieur lamentable de
40 la voiture.

le commis un employé de commerce
le fonds le magasin
faire fortune devenir riche
le débitant un petit commerçant
un fripon madré mit allen Wassern gewaschener Gauner
la ruse Trick, List
mordant,e ici: scharfsinnig
somnolent,e qui dort à moitié

la mâchoire la partie de la bouche qui porte les dents
la farce Streich

exigu,uë très petit
le favori ici: Backenbart

digne sérieux, grave

posé,e ici: travaillant
la filature la fabrique de fil Spinnerei
le Conseil Général vx Kreistag
bienveillant,e qui veut du bien
le ralliement à la cause Unterstützung einer politischen Sache
courtois,e poli
la consolation Trost
pelotonné,e eingewickelt

navré,e triste, déçu
lamentable ici: en mauvais état

14

Ses voisins, le comte et la comtesse Hubert de Bréville, portaient un des noms les plus anciens et les plus nobles de Normandie. Le comte, vieux gentilhomme de grande tournure, s'efforçait d'accentuer, par les artifices de sa toilette, sa ressemblance naturelle avec le roy Henri IV, qui, suivant une légende glorieuse pour la famille, avait rendu grosse une dame de Bréville, dont le mari, pour ce fait, était devenu comte et gouverneur de province.

Collègue de M. Carré-Lamadon au Conseil général, le comte Hubert représentait le parti orléaniste dans le département. L'histoire de son mariage avec la fille d'un petit armateur de Nantes était toujours demeurée mystérieuse. Mais, comme la comtesse avait grand air, recevait mieux que personne, passait même pour avoir été aimée par un des fils de Louis-Philippe, toute la noblesse lui faisait fête, et son salon demeurait le premier du pays, le seul où se conservât la vieille galanterie, et dont l'entrée fût difficile.

La fortune des Bréville, toute en biens-fonds, atteignait, disait-on, cinq cent mille livres de revenu.

Ces six personnes formaient le fond de la voiture, le côté de la société rentée, sereine et forte, des honnêtes gens autorisés qui ont de la Religion et des Principes.

Par un hasard étrange toutes les femmes se trouvaient sur le même banc; et la comtesse avait encore pour voisines deux bonnes sœurs qui égrenaient de longs chapelets en marmottant des *Pater* et des *Ave*. L'une était vieille avec une face défoncée par la petite vérole comme si elle eût reçu à bout portant une bordée de mitraille en pleine figure. L'autre, très chétive, avait une tête jolie et maladive sur une poitrine de phtisique rongée par cette foi dévorante qui fait les martyrs et les illuminés.

En face des deux religieuses un homme et une femme attiraient les regards de tous.

L'homme, bien connu, était Cornudet le démoc, la terreur des gens respectables. Depuis vingt ans il

le gentilhomme un homme appartenant à la noblesse
la tournure l'air *m*, l'allure *f*
l'artifice *m* le moyen
rendre grosse *vx* rendre enceinte, faire un enfant à une femme

un armateur Reeder

le bien-fonds *vx* un bien immeuble
atteindre arriver à
le revenu Einkommen
rente,e qui a des rentes
serein,e tranquille, calme

marmotter parler entre ses dents

défoncé,e plein de trous, inégal
la petite vérole Masern
chétif,ve maigre
le/la phtisique *vx* malade de tuberculose
dévorant,e verzehrend

le démoc *péj* le démocrate

15

trempait sa barbe rousse dans les bocks de tous le cafés démocratiques. Il avait mangé avec les frères et amis une assez belle fortune qu'il tenait de son père, ancien confiseur, et il attendait impatiemment la
5 République pour obtenir enfin la place méritée par tant de consommations révolutionnaires. Au quatre septembre, par suite d'une farce peut-être, il s'était cru nommé préfet; mais quand il voulut entrer en fonctions, les garçons de bureau, demeurés seuls
10 maîtres de la place, refusèrent de le reconnaître, ce qui le contraignit à la retraite. Fort bon garçon du reste, inoffensif et serviable, il s'était occupé avec une ardeur incomparable d'organiser la défense. Il avait fait creuser des trous dans les plaines, coucher
15 tous les jeunes arbres des forêts voisines, semé des pièges sur toutes les routes, et, à l'approche de l'ennemi, satisfait de ses préparatifs, il s'était vivement replié vers la ville. Il pensait maintenant se rendre plus utile au Havre, où de nouveaux retranchements
20 allaient être nécessaires.

La femme, une de celles appelées galantes, était célèbre par son embonpoint précoce qui lui avait valu le surnom de Boule de suif. Petite, ronde de partout, grasse à lard, avec des doigts bouffis, étran-
25 glés aux phalanges, pareils à des chapelets de courtes saucisses, avec une peau luisante et tendue, une gorge énorme qui saillait sous sa robe, elle restait cependant appétissante et courue, tant sa fraîcheur faisait plaisir à voir. Sa figure était une pomme rouge,
30 un bouton de pivoine prêt à fleurir, et là-dedans s'ouvraient, en haut, des yeux noirs magnifiques, ombragés de grands cils épais qui mettaient une ombre dedans; en bas, une bouche charmante, étroite, humide pour le baiser, meublée de quenottes
35 luisantes et microscopiques.

Elle était de plus, disait-on, pleine de qualités inappréciables.

Aussitôt qu'elle fut reconnue, des chuchotements coururent parmi les femmes honnêtes, et les mots de
40 «prostituée», de «honte publique» furent chuchotés

16

tremper mettre dans un liquide
le bock un verre de bière
le confiseur le fabriquant de sucreries

la consommation ce que l'on boit au café

contraindre à obliger à, forcer à
inoffensif,ve qui ne fait pas de mal
une ardeur une énergie
semer ici: placer
le piège Falle

l'embonpoint m le fait d'être gros de corps
précoce qui arrive plus tôt que d'habitude
bouffi,e aufgedunsen
étranglé,e ici: verengt
la phalange ici: Fingergelenk
un chapelet de saucisses Würstchenkette
luisant,e de luire: briller
la gorge vx la poitrine, les seins m
saillir (her-)vortreten
la pivoine Pfingstrose
ombragé,e couvert d'ombre f
le cil Wimper
la quenotte fam une petite dent d'enfant
inappréciable de grande valeur, qu'on ne peut apprécier
le chuchotement de chuchoter: parler à voix basse

si haut qu'elle leva la tête. Alors elle promena sur ses voisins un regard tellement provocant et hardi qu'un grand silence aussitôt régna, et tout le monde baissa les yeux à l'exception de Loiseau, qui la guettait d'un
5 air émoustillé.

Mais bientôt la conversation reprit entre les trois dames que la présence de cette fille avait rendues subitement amies, presque intimes. Elles devaient faire, leur semblait-il, comme un faisceau de leurs
10 dignités d'épouses en face de cette vendue sans vergogne; car l'amour légal le prend toujours de haut avec son libre confrère.

Les trois hommes aussi, rapprochés par un instinct de conservateurs à l'aspect de Cornudet, parlaient
15 argent d'un certain ton dédaigneux pour les pauvres. Le comte Hubert disait les dégâts que lui avaient fait subir les Prussiens, les pertes qui résulteraient du bétail volé et des récoltes perdues, avec une assurance de grand seigneur dix fois millionnaire que ces
20 ravages gêneraient à peine une année. M. Carré-Lamadon, fort éprouvé dans l'industrie cotonnière, avait eu soin d'envoyer six cent mille francs en Angleterre, une poire pour la soif qu'il se ménageait à toute occasion. Quant à Loiseau, il s'était arrangé
25 pour vendre à l'Intendance française tous les vins communs qui lui restaient en cave, de sorte que l'État lui devait une somme formidable qu'il comptait bien toucher au Havre.

Et tous les trois se jetaient des coups d'œil rapides
30 et amicaux. Bien que de conditions différentes, ils se sentaient frères par l'argent, de la grande franc-maçonnerie de ceux qui possèdent, qui font sonner de l'or en mettant la main dans la poche de leur culotte.
35 La voiture allait si lentement qu'à dix heures du matin on n'avait pas fait quatre lieues. Les hommes descendirent trois fois pour monter des côtes à pied. On commençait à s'inquiéter, car on devait déjeuner à Tôtes et l'on désespérait maintenant d'y parvenir
40 avant la nuit. Chacun guettait pour apercevoir un

hardi,e provocant, insolent

émoustillé,e excité

le faisceau *ici:* Schutzschild
sans vergogne *f vx* sans honte *f*
le prendre de haut avec von oben herabschauen auf
le confrère le collègue
dédaigneux,se méprisant
le dégât le dommage, la perte
le bétail les animaux *m* de la ferme
la récolte Ernte
le ravage le dommage, la destruction
éprouvé,e leidgeprüft
avoir soin de *ici:* s'occuper de
une poire pour la soif Notgroschen
se ménager *ici:* garder
commun,e ordinaire, de qualité moyenne

toucher *ici:* recevoir

la franc-maçonnerie *ici:* verschworene Gemeinschaft

la culotte *vx* le pantalon

cabaret sur la route, quand la diligence sombra dans un amoncellement de neige, et il fallut deux heures pour la dégager.

L'appétit grandissait, troublait les esprits, et
5 aucune gargote, aucun marchand de vin ne se montraient, l'approche des Prussiens et le passage des troupes françaises affamées ayant effrayé toutes les industries.

Les messieurs coururent aux provisions dans les
10 fermes au bord du chemin, mais ils n'y trouvèrent pas même de pain, car le paysan, défiant, cachait ses réserves dans la crainte d'être pillé par les soldats qui, n'ayant rien à se mettre sous la dent, prenaient par force ce qu'ils découvraient.

15 Vers une heure de l'après-midi, Loiseau annonça que décidément il se sentait un rude creux dans l'estomac. Tout le monde souffrait comme lui depuis longtemps, et le violent besoin de manger, augmentant toujours, avait tué les conversations.

20 De temps en temps quelqu'un bâillait; un autre presque aussitôt l'imitait, et chacun, à tour de rôle, suivant son caractère, son savoir-vivre et sa position sociale, ouvrait la bouche avec fracas ou modestement en portant vite sa main devant le trou béant
25 d'où sortait une vapeur.

Boule de suif, à plusieurs reprises, se pencha comme si elle cherchait quelque chose sous ses jupons. Elle hésitait une seconde, regardait ses voisins, puis se redressait tranquillement. Les figures
30 étaient pâles et crispées. Loiseau affirma qu'il payerait mille francs un jambonneau. Sa femme fit un geste comme pour protester, puis elle se calma. Elle souffrait toujours en entendant parler d'argent gaspillé, et ne comprenait même pas les plaisanteries
35 sur ce sujet. «Le fait est que je ne me sens pas bien, dit le comte; comment n'ai-je pas songé à apporter des provisions?» Chacun se faisait le même reproche.

Cependant Cornudet avait une gourde pleine de rhum; il en offrit: on refusa froidement. Loiseau seul
40 en accepta deux gouttes, et, lorsqu'il rendit la gourde,

sombrer s'enfoncer, tomber dans
un amoncellement un tas

une industrie *ici:* l'activité commerciale f

défiant,e méfiant, qui n'a pas confiance
piller plündern

rude *fam* fort, grand

bâiller ouvrir la bouche quand on est fatigué
à tour de rôle chacun à son tour, l'un après l'autre
le fracas un grand bruit
béant,e grand ouvert
la vapeur *ici:* Kältefahne
à plusieurs reprises *f* plusieurs fois
le jupon un vêtement de femme porté sous une jupe
crispé,e tendu, contracté

gaspiller dépenser inutilement, pour rien

la goutte Tropfen

18

il remercia: «C'est bon tout de même, ça réchauffe, et ça trompe l'appétit.» L'alcool le mit en belle humeur et il proposa de faire comme sur le petit navire de la chanson: de manger le plus gras des
5 voyageurs. Cette allusion indirecte à Boule de suif choqua les gens bien élevés. On ne répondit pas; Cornudet seul eut un sourire. Les deux bonnes sœurs avaient cessé de marmotter leur rosaire, et, les mains enfoncées dans leurs grandes manches, elles se
10 tenaient immobiles, baissant obstinément les yeux, offrant sans doute au ciel la souffrance qu'il leur envoyait.

Enfin, à trois heures, comme on se trouvait au milieu d'une plaine interminable, sans un seul vil-
15 lage en vue, Boule de suif, se baissant vivement, retira de sous la banquette un large panier couvert d'une serviette blanche.

Elle en sortit d'abord une petite assiette de faïence, une fine timbale en argent, puis une vaste terrine
20 dans laquelle deux poulets entiers, tout découpés, avaient confit sous leur gelée, et l'on apercevait encore dans le panier d'autres bonnes choses enveloppées, des pâtés, des fruits, des friandises, les provisions préparées pour un voyage de trois jours,
25 afin de ne point toucher à la cuisine des auberges. Quatre goulots de bouteilles passaient entre les paquets de nourriture. Elle prit une aile de poulet et, délicatement, se mit à la manger avec un de ces petits pains qu'on appelle «Régence» en Normandie.
30 Tous les regards étaient tendus vers elle. Puis l'odeur se répandit, élargissant les narines, faisant venir aux bouches une salive abondante avec une contraction douloureuse de la mâchoire sous les oreilles. Le mépris des dames pour cette fille
35 devenait féroce, comme une envie de la tuer, ou de la jeter en bas de la voiture, dans la neige, elle, sa timbale, son panier et ses provisions.

Mais Loiseau dévorait des yeux la terrine de poulet. Il dit: «À la bonne heure, Madame a eu plus
40 de précaution que nous. Il y a des personnes qui

le navire *vx* le bateau

la manche Ärmel

interminable qui ne se termine, ne finit pas

vaste grand

élargir rendre large
la narine Nasenflügel
abondant,e en grande quantité *f*
la contraction Verkrampfung
féroce très dur, cruel

la précaution une mesure de prudence

19

savent toujours penser à tout.» Elle leva la tête vers lui: «Si vous en désirez, monsieur? C'est dur de jeûner depuis le matin.» Il salua: «Ma foi, franchement, je ne refuse pas, je n'en peux plus. À la guerre
5 comme à la guerre, n'est-ce pas, madame?» Et, jetant un regard circulaire, il ajouta: «Dans des moments comme celui-ci, on est bien aise de trouver des gens qui vous obligent.» Il avait un journal, qu'il étendit pour ne point tacher son pantalon, et sur la pointe
10 d'un couteau toujours logé dans sa poche, il enleva une cuisse toute vernie de gelée, la dépeça des dents, puis la mâcha avec une satisfaction si évidente qu'il y eut dans la voiture un grand soupir de détresse.

Mais Boule de suif, d'une voix humble et douce,
15 proposa aux bonnes sœurs de partager sa collation. Elles acceptèrent toutes les deux instantanément, et, sans lever les yeux, se mirent à manger très vite après avoir balbutié des remerciements. Cornudet ne refusa pas non plus les offres de sa voisine, et l'on
20 forma avec les religieuses une sorte de table en développant des journaux sur les genoux.

Les bouches s'ouvraient et se fermaient sans cesse, avalaient, mastiquaient, engloutissaient férocement. Loiseau, dans son coin, travaillait dur, et, à voix
25 basse, il engageait sa femme à l'imiter. Elle résista longtemps, puis, après une crispation qui lui parcourut les entrailles, elle céda. Alors son mari, arrondissant sa phrase, demanda à leur «charmante compagne» si elle lui permettait d'offrir un petit morceau
30 à Mme Loiseau. Elle dit: «Mais oui, certainement, monsieur», avec un sourire aimable, et tendit la terrine.

Un embarras se produisit lorsqu'on eut débouché la première bouteille de bordeaux: il n'y avait qu'une
35 timbale. On se la passa après l'avoir essuyée. Cornudet seul, par galanterie sans doute, posa ses lèvres à la place humide encore des lèvres de sa voisine.

Alors, entourés de gens qui mangeaient, suffoqués par les émanations des nourritures, le comte et la
40 comtesse de Bréville, ainsi que M. et Mme Carré-

20

à la guerre comme à la guerre man muß sich ins Unvermeidliche fügen
circulaire en rond, qui tourne
être bien aise être bien content
obliger qn rendre service à qn
tacher beflecken
la pointe Spitze
verni,e ici: glasiert
la détresse un sentiment d'abandon m, de malheur m
humble bescheiden

balbutier parler de manière hésitante

le genou Knie

la crispation la contraction

un embarras une gêne

suffoquer étouffer, empêcher qn de respirer
l'émanation f l'odeur f

Lamadon souffrirent ce supplice odieux qui a gardé le nom de Tantale. Tout d'un coup la jeune femme du manufacturier poussa un soupir qui fit retourner les têtes; elle était aussi blanche que la neige du dehors;
5 ses yeux se fermèrent, son front tomba: elle avait perdu connaissance. Son mari, affolé, implorait les secours de tout le monde. Chacun perdait l'esprit, quand la plus âgée des bonnes sœurs, soutenant la tête de la malade, glissa entre ses lèvres la timbale
10 de Boule de suif et lui fit avaler quelques gouttes de vin.

La jolie dame remua, ouvrit les yeux, sourit, et déclara d'une voix mourante qu'elle se sentait fort bien maintenant. Mais, afin que cela ne se renou-
15 velât plus, la religieuse la contraignit à boire un plein verre de bordeaux, et elle ajouta: «C'est la faim, pas autre chose.»

Alors Boule de suif, rougissante et embarrassée, balbutia en regardant les quatre voyageurs restés à
20 jeun: «Mon Dieu, si j'osais offrir à ces messieurs et à ces dames …» Elle se tut, craignant un outrage. Loiseau prit la parole: «Eh, parbleu, dans des cas pareils tout le monde est frère et doit s'aider. Allons, mesdames, pas de cérémonie: acceptez, que diable!
25 Savons-nous si nous trouverons seulement une maison où passer la nuit? Du train dont nous allons, nous ne serons pas à Tôtes avant demain midi.» On hésitait, personne n'osant assumer la responsabilité du «oui». Mais le comte trancha la question. Il se
30 tourna vers la grosse fille intimidée, et, prenant son grand air de gentilhomme, il lui dit: «Nous acceptons avec reconnaissance, madame.»

Le premier pas seul coûtait. Une fois le Rubicon passé on s'en donna carrément. Le panier fut vidé. Il
35 contenait encore un pâté de foie gras, un pâté de mauviettes, un morceau de langue fumée, des poires de Crassane, un pavé de pont-l'évêque, des petits-fours et une tasse pleine de cornichons et d'oignons au vinaigre: Boule de suif, comme toutes les femmes,
40 adorant les crudités.

le supplice Folter, Qual
odieux,se infâme, insupportable
le soupir Seufzer

affolé,e paniqué
implorer demander avec insistance f

remuer bouger

se renouveler recommencer

un outrage une offense Beleidigung
parbleu weiß Gott!

du train dont à l'allure où, à la vitesse où

assumer prendre sur soi
trancher ici: décider
intimider einschüchtern, de: timide, schüchtern

On ne pouvait manger les provisions de cette fille sans lui parler. Donc on causa, avec réserve d'abord, puis, comme elle se tenait fort bien, on s'abandonna davantage. Mmes de Bréville et Carré-Lamadon, qui
5 avaient un grand savoir-vivre, se firent gracieuses avec délicatesse. La comtesse surtout montra cette condescendance aimable des très nobles dames qu'aucun contact ne peut salir, et fut charmante. Mais la forte Mme Loiseau, qui avait une âme de
10 gendarme, resta revêche, parlant peu et mangeant beaucoup.

On s'entretint de la guerre naturellement. On raconta des faits horribles des Prussiens, des traits de bravoure des Français; et tous ces gens qui fuyaient
15 rendirent hommage au courage des autres. Les histoires personnelles commencèrent bientôt et Boule de suif raconta, avec une émotion vraie, avec cette chaleur de parole qu'ont parfois les filles pour exprimer leurs emportements naturels, comment
20 elle avait quitté Rouen: «J'ai cru d'abord que je pourrais rester, disait-elle. J'avais ma maison pleine de provisions, et j'aimais mieux nourrir quelques soldats que m'expatrier je ne sais où. Mais quand je les ai vus, ces Prussiens, ce fut plus fort que moi! Ils
25 m'ont tourné le sang de colère; et j'ai pleuré de honte toute la journée. Oh! si j'étais un homme, allez! Je les regardais de ma fenêtre, ces gros porcs avec leur casque à pointe, et ma bonne me tenait les mains pour m'empêcher de leur jeter mon mobilier sur le dos.
30 Puis il en est venu pour loger chez moi; alors j'ai sauté à la gorge du premier. Ils ne sont pas plus difficiles à étrangler que d'autres! Et je l'aurais terminé, celui-là, si l'on ne m'avait pas tirée par les cheveux. Il a fallu me cacher après ça. Enfin, quand j'ai trouvé
35 une occasion, je suis partie, et me voici.»

On la félicita beaucoup. Elle grandissait dans l'estime de ses compagnons qui ne s'étaient pas montrés si crânes; et Cornudet, en l'écoutant, gardait un sourire approbateur et bienveillant d'apôtre; de même
40 un prêtre entend un dévot louer Dieu, car les démo-

22

la condescendance
l'attitude *f* de qn qui se
croit supérieur

revêche dur

s'entretenir de parler
de
le trait de bravoure
l'acte *m* de courage
rendre hommage à
jdm die Ehre erweisen

l'emportement *m* Auf-
wallung

tourner le sang à *fam*
rendre qn malade

la gorge Hals

féliciter beglück-
wünschen
crâne *fam* courageux
approbateur zustim-
mend
de même de la même
manière
louer loben

crates à longue barbe ont le monopole du patriotisme comme les hommes en soutane ont celui de la religion.

Il parla à son tour d'un ton doctrinaire, avec l'emphase apprise dans les proclamations qu'on collait chaque jour aux murs, et il finit par un morceau d'éloquence, où il étrillait magistralement cette «crapule de Badinguet».

Mais Boule de suif aussitôt se fâcha, car elle était bonapartiste. Elle devenait plus rouge qu'une guigne et, bégayant d'indignation: «J'aurais bien voulu vous voir à sa place, vous autres. Ça aurait été du propre, ah oui! C'est vous qui l'avez trahi, cet homme! On n'aurait plus qu'à quitter la France si l'on était gouverné par des polissons comme vous!» Cornudet, impassible, gardait un sourire dédaigneux et supérieur, mais on sentait que les gros mots allaient arriver quand le comte s'interposa et calma, non sans peine, la fille exaspérée, en proclamant avec autorité que toutes les opinions sincères étaient respectables. Cependant la comtesse et la manufacturière, qui avaient dans l'âme la haine irraisonnée des gens comme il faut pour la République, et cette instinctive tendresse que nourrissent toutes les femmes pour les gouvernements à panache et despotiques, se sentaient, malgré elles, attirées vers cette prostituée pleine de dignité, dont les sentiments ressemblaient si fort aux leurs.

Le panier était vide. À dix on l'avait tari sans peine, en regrettant qu'il ne fût pas plus grand. La conversation continua quelque temps, un peu refroidie néanmoins depuis qu'on avait fini de manger.

La nuit tombait, l'obscurité peu à peu devint profonde, et le froid, plus sensible pendant les digestions, faisait frissonner Boule de suif, malgré sa graisse. Alors Mme de Bréville lui proposa sa chaufferette dont le charbon depuis le matin avait été plusieurs fois renouvelé, et l'autre accepta tout de suite, car elle se sentait les pieds gelés. Mmes Carré-Lamadon et Loiseau donnèrent les leurs aux religieuses.

la proclamation Bekanntmachung

étriller *fig* critiquer durement

magistralement comme un maître

une guigne une petite cerise

bégayer parler avec difficulté en répétant certaines syllabes

ça aurait été du propre das wäre was gewesen

trahir verraten

le polisson un enfant mal élevé

impassible qui ne montre aucune émotion, très calme

le gros mot Schimpfwort

s'interposer intervenir

exaspéré,e furieux, en colère

proclamer verkünden

irraisonné,e sans raison

comme il faut anständig

à panache *fig* prächtig, protzig

tarir *vx ici:* vider

néanmoins pourtant, cependant

frissonner trembler de froid

23

Le cocher avait allumé ses lanternes. Elles
éclairaient d'une lueur vive un nuage de buée au-
dessus de la croupe en sueur des timoniers, et, des
deux côtés de la route, la neige qui semblait se
5 dérouler sous le reflet mobile des lumières.

On ne distinguait plus rien dans la voiture; mais
tout à coup un mouvement se fit entre Boule de suif
et Cornudet; et Loiseau, dont l'œil fouillait l'ombre,
crut voir l'homme à la grande barbe s'écarter vive-
10 ment comme s'il eût reçu quelque bon coup lancé
sans bruit.

Des petits points de feu parurent en avant sur la
route. C'était Tôtes. On avait marché onze heures, ce
qui, avec les deux heures de repos laissées en quatre
15 fois aux chevaux pour manger l'avoine et souffler,
faisait quatorze. On entra dans le bourg et devant
l'Hôtel du Commerce on s'arrêta.

La portière s'ouvrit! Un bruit bien connu fit tres-
saillir tous les voyageurs; c'étaient les heurts d'un
20 fourreau de sabre sur le sol. Aussitôt la voix d'un
Allemand cria quelque chose.

Bien que la diligence fût immobile, personne
ne descendait, comme si l'on se fût attendu à être
massacré à la sortie. Alors le conducteur apparut
25 tenant à la main une de ses lanternes qui éclaira
subitement jusqu'au fond de la voiture les deux rangs
de têtes effarées, dont les bouches étaient ouver-
tes et les yeux écarquillés de surprise et d'épou-
vante.

30 À côté du cocher se tenait, en pleine lumière, un
officier allemand, un grand jeune homme excessive-
ment mince et blond, serré dans son uniforme
comme une fille en son corset, et portant sur le côté
sa casquette plate et cirée qui le faisait ressembler
35 au chasseur d'un hôtel anglais. Sa moustache
démesurée, à longs poils droits, s'amincissant indé-
finiment de chaque côté et terminée par un seul fil
blond si mince qu'on n'en apercevait pas la fin,
semblait peser sur les coins de sa bouche, et, tirant la
40 joue, imprimait aux lèvres un pli tombant.

la buée Dampf

fouiller chercher dans qc

souffler ici: verschnaufen

tressaillir sursauter aufschrecken
le heurt le coup

effaré,e effrayé
écarquiller ouvrir très grand (les yeux)

plat,e flach
ciré,e gewichst
le chasseur ici: Hotel-boy
démesuré,e très ou trop grand
le poil (Körper-)Haar
peser ici: drücken
le pli ici: Falte

24

Il invita en français d'Alsacien les voyageurs à sortir, disant d'un ton raide: «Foulez-fous tescentre, messieurs et tames?»

Les deux bonnes sœurs obéirent les premières avec 5 une docilité de saintes filles habituées à toutes les soumissions. Le comte et la comtesse parurent ensuite, suivis du manufacturier et de sa femme,

raide *ici:* dur

la docilité Folgsamkeit
la soumission l'obéissance *f*

puis de Loiseau poussant devant lui sa grande moitié. Celui-ci, en mettant pied à terre, dit à l'officier: «Bonjour, monsieur», par un sentiment de prudence bien plus que de politesse. L'autre, insolent comme les gens tout-puissants, le regarda sans répondre.

insolent,e qui manque de respect

Boule de suif et Cornudet, bien que près de la portière, descendirent les derniers, graves et hautains devant l'ennemi. La grosse fille tâchait de se dominer et d'être calme: le démoc tourmentait d'une main tragique et un peu tremblante sa longue barbe roussâtre. Ils voulaient garder de la dignité, comprenant qu'en ces rencontres-là chacun représente un peu son pays; et pareillement révoltés par la souplesse de leurs compagnons, elle, tâchait de se montrer plus fière que ses voisines les femmes honnêtes, tandis que lui, sentant bien qu'il devait l'exemple, continuait en toute son attitude sa mission de résistance commencée au défoncement des routes.

hautain,e arrogant

tourmenter faire souffrir

la dignité le respect de soi

la souplesse la flexibilité

le défoncement ici: Ausheben von Gräben

On entra dans la vaste cuisine de l'auberge, et l'Allemand, s'étant fait présenter l'autorisation de départ signée par le général en chef et où étaient mentionnés les noms, le signalement et la profession de chaque voyageur, examina longuement tout ce monde, comparant les personnes aux renseignements écrits.

mentionner indiquer, nommer

Puis il dit brusquement: «C'est pien», et il disparut.

Alors on respira. On avait faim encore; le souper fut commandé. Une demi-heure était nécessaire pour l'apprêter; et, pendant que deux servantes avaient l'air de s'en occuper, on alla visiter les chambres. Elles se trouvaient toutes dans un long couloir que terminait une porte vitrée marquée d'un numéro parlant.

apprêter préparer

Enfin on allait se mettre à table, quand le patron de l'auberge parut lui-même. C'était un ancien marchand de chevaux, un gros homme asthmatique, qui avait toujours des sifflements, des enrouements, des chants de glaires dans le larynx. Son père lui avait transmis le nom de Follenvie.

le sifflement Pfeifen
l'enrouement *m* Heiserkeit
la glaire (zäher) Schleim
le larynx Kehlkopf
transmettre faire passer d'une personne à une autre

Il demanda:

«Mademoiselle Élisabeth Rousset?»

Boule de suif tressaillit, se retourna:

«C'est moi.

5 – Mademoiselle, l'officier prussien veut vous parler immédiatement.

– À moi?

– Oui, si vous êtes bien mademoiselle Élisabeth Rousset.»

10 Elle se troubla, réfléchit une seconde, puis déclara carrément:

«C'est possible, mais je n'irai pas.»

Un mouvement se fit autour d'elle; chacun discutait, cherchait la cause de cet ordre. Le comte s'ap-

15 procha:

«Vous avez tort, madame, car votre refus peut amener des difficultés considérables, non seulement pour vous, mais même pour tous vos compagnons. Il ne faut jamais résister aux gens qui sont les plus

20 forts. Cette démarche assurément ne peut présenter aucun danger; c'est sans doute pour quelque formalité oubliée.»

Tout le monde se joignit à lui, on la pria, on la pressa, on la sermonna, et l'on finit par la con-

25 vaincre; car tous redoutaient les complications qui pourraient résulter d'un coup de tête. Elle dit enfin:

«C'est pour vous que je le fais, bien sûr!»

La comtesse lui prit la main:

30 «Et nous vous en remercions.»

Elle sortit. On l'attendit pour se mettre à table. Chacun se désolait de n'avoir pas été demandé à la place de cette fille violente et irascible, et préparait mentalement des platitudes pour le cas où on l'appel-

35 lerait à son tour.

Mais au bout de dix minutes elle reparut, soufflant, rouge à suffoquer, exaspérée. Elle balbutiait:

«Oh la canaille! la canaille!»

Tous s'empressaient pour savoir, mais elle ne dit

40 rien; et, comme le comte insistait, elle répondit avec

se troubler verunsichert sein
carrément de manière décidée, catégoriquement

considérable important

la démarche ici: der Gang

se joindre à sich anschließen
presser ici: insister
sermonner Vorhaltungen machen
redouter qc avoir peur de qc
un coup de tête une action irréfléchie

se désoler de regretter vivement de
irascible qui se met facilement en colère
la platitude la banalité

s'empresser se dépêcher

27

une grande dignité: «Non, cela ne vous regarde pas, je ne peux pas parler.»

Alors on s'assit autour d'une haute soupière d'où sortait un parfum de choux. Malgré cette alerte, le
5 souper fut gai. Le cidre était bon, le ménage Loiseau et les bonnes sœurs en prirent, par économie. Les autres demandèrent du vin: Cornudet réclama de la bière. Il avait une façon particulière de déboucher la bouteille, de faire mousser le liquide, de le considérer
10 en penchant le verre, qu'il élevait ensuite entre la lampe et son œil pour bien apprécier la couleur. Quand il buvait, sa grande barbe, qui avait gardé la nuance de son breuvage aimé, semblait tressaillir de tendresse; ses yeux louchaient pour ne point perdre
15 de vue sa chope, et il avait l'air de remplir l'unique fonction pour laquelle il était né. On eût dit qu'il établissait en son esprit un rapprochement et comme une affinité entre les deux grandes passions qui occupaient toute sa vie: le Pale-Ale et la Révolution;
20 et assurément il ne pouvait déguster l'un sans songer à l'autre.

M. et Mme Follenvie dînaient tout au bout de la table. L'homme, râlant comme une locomotive crevée, avait trop de tirage dans la poitrine pour pouvoir
25 parler en mangeant; mais la femme ne se taisait jamais. Elle raconta toutes ses impressions à l'arrivée des Prussiens, ce qu'ils faisaient, ce qu'ils disaient, les exécrant d'abord parce qu'ils lui coûtaient de l'argent, et, ensuite, parce qu'elle avait deux fils à l'ar
30 mée. Elle s'adressait surtout à la comtesse, flattée de causer avec une dame de qualité.

Puis elle baissait la voix pour dire les choses délicates, et son mari, de temps en temps, l'interrompait: «Tu ferais mieux de te taire, madame Follenvie.»
35 Mais elle n'en tenait aucun compte, et continuait:

«Oui, madame, ces gens-là, ça ne fait que manger des pommes de terre et du cochon, et puis du cochon et des pommes de terre. Et il ne faut pas croire qu'ils sont propres. – Oh non! – Ils ordurent partout, sauf le
40 respect que je vous dois. Et si vous les voyiez faire

28

l'alerte *f* l'alarme *m*

par économie *f* pour ne pas dépenser trop d'argent

mousser faire de la mousse, schäumen

loucher schielen

établir *ici:* faire

râler faire du bruit en respirant
crevé,e *fam* cassé
le tirage *ici:* (Luft-)Zug
la poitrine Brust

exécrer haïr, détester

flatté,e *ici:* très fier

ordurer *vx* faire ses besoins
sauf le respect que je vous dois mit Verlaub

l'exercice pendant des heures et des jours; ils sont
là tous dans un champ: – Et marche en avant, et
marche en arrière, et tourne par-ci, et tourne par-là. –
S'ils cultivaient la terre au moins, ou s'ils travail-
5 laient aux routes dans leur pays! – Mais non,
madame, ces militaires, ça n'est profitable à per-
sonne! Faut-il que le pauvre peuple les nourrisse pour
n'apprendre rien qu'à massacrer! – Je ne suis qu'une
vieille femme sans éducation, c'est vrai, mais en les
10 voyant qui s'esquintent le tempérament à piétiner du
matin au soir, je me dis: – Quand il y a des gens qui
font tant de découvertes pour être utiles, faut-il que
d'autres se donnent tant de mal pour être nuisibles!
Vraiment, n'est-ce pas une abomination de tuer des
15 gens, qu'ils soient Prussiens, ou bien Anglais, ou
bien Polonais, ou bien Français? – Si l'on se revenge
sur quelqu'un qui vous a fait tort, c'est mal, puis-
qu'on vous condamne; mais quand on extermine nos
garçons comme du gibier, avec des fusils, c'est donc
20 bien, puisqu'on donne des décorations à celui qui en
détruit le plus? – Non, voyez-vous, je ne comprendrai
jamais cela!»
Cornudet éleva la voix:
«La guerre est une barbarie quand on attaque un
25 voisin paisible; c'est un devoir sacré quand on défend
la patrie.»
La vieille femme baissa la tête:
«Oui, quand on se défend, c'est autre chose; mais
si l'on ne devrait pas plutôt tuer tous les rois qui font
30 ça pour leur plaisir?»
L'œil de Cornudet s'enflamma:
«Bravo citoyenne», dit-il.
M. Carré-Lamadon réfléchissait profondément.
Bien qu'il fût fanatique des illustres capitaines, le
35 bon sens de cette paysanne le faisait songer à l'opu-
lence qu'apporteraient dans un pays tant de bras
inoccupés et par conséquent ruineux, tant de forces
qu'on entretient improductives, si on les employait
aux grands travaux industriels qu'il faudra des siècles
40 pour achever.

**s'esquinter le tempéra-
ment** *fam* s'abîmer la
santé
piétiner marcher sur
place
nuisible qui fait du tort,
du mal
une abomination une
chose horrible

le gibier tous les
animaux *m* bons à man-
ger que l'on tue à la
chasse

s'enflammer com-
mencer à brûler

illustre très connu,
célèbre
le bon sens gesunder
Menschenverstand
l'opulence *f* la richesse

achever finir, terminer

Mais Loiseau, quittant sa place, alla causer tout
bas avec l'aubergiste. Le gros homme riait, toussait,
crachait; son énorme ventre sautillait de joie aux
plaisanteries de son voisin, et il lui acheta six feuil-
5 lettes de bordeaux pour le printemps, quand les Prus-
siens seraient partis.

Le souper à peine achevé, comme on était brisé de
fatigue, on se coucha.

Cependant Loiseau, qui avait observé les choses,
10 fit mettre au lit son épouse, puis colla tantôt son
oreille et tantôt son œil au trou de la serrure, pour
tâcher de découvrir ce qu'il appelait: «les mystères
du corridor».

Au bout d'une heure environ, il entendit un frôle-
15 ment, regarda bien vite, et aperçut Boule de suif qui
paraissait plus replète encore sous un peignoir de
cachemire bleu, bordé de dentelles blanches. Elle
tenait un bougeoir à la main et se dirigeait vers le
gros numéro tout au fond du couloir. Mais une porte,
20 à côté, s'entrouvrit, et, quand elle revint au bout de
quelques minutes, Cornudet, en bretelles, la suivait.
Ils parlaient bas, puis ils s'arrêtèrent. Boule de suif
semblait défendre l'entrée de sa chambre avec éner-
gie. Loiseau, malheureusement, n'entendait pas les
25 paroles, mais à la fin, comme ils élevaient la voix, il
put en saisir quelques-unes. Cornudet insistait avec
vivacité. Il disait:

«Voyons, vous êtes bête, qu'est-ce que ça vous
fait?»
30 Elle avait l'air indignée et répondit:

«Non, mon cher, il y a des moments où ces choses-
là ne se font pas; et puis, ici, ce serait une honte.»

Il ne comprenait point, sans doute, et demanda
pourquoi. Alors elle s'emporta, élevant encore le ton:
35 «Pourquoi? Vous ne comprenez pas pourquoi?
Quand il y a des Prussiens dans la maison, dans la
chambre à côté peut-être?»

Il se tut. Cette pudeur patriotique de catin qui ne
se laissait point caresser près de l'ennemi, dut réveil-
40 ler en son cœur sa dignité défaillante, car, après

30

sautiller sauter un peu

brisé,e de fatigue f très fatigué

le trou de la serrure le trou dans une porte où l'on met la clé

un frôlement un bruit léger fait en touchant doucement qc
replet,ète gros
le peignoir la robe de chambre
la dentelle Spitze
le bougeoir Kerzen-ständer

les bretelles f les ban-des de tissu qui retien-nent par ex. un pantalon

avec vivacité f vive-ment

s'emporter se mettre en colère

la pudeur un sentiment de gêne en ce qui con-cerne la sexualité
la catin vulg la pros-tituée
défaillant,e qui fait défaut, qui manque

l'avoir seulement embrassée, il regagna sa porte à pas de loup.

Loiseau, très allumé, quitta la serrure, battit un entrechat dans sa chambre, mit son madras, souleva
5 le drap sous lequel gisait la dure carcasse de sa compagne qu'il réveilla d'un baiser en murmurant: «M'aimes-tu, chérie?»

Alors toute la maison devint silencieuse. Mais bientôt s'éleva quelque part, dans une direction indé-
10 terminée qui pouvait être la cave aussi bien que le grenier, un ronflement puissant, monotone, régulier, un bruit sourd et prolongé, avec des tremblements de chaudière sous pression. M. Follenvie dormait.

Comme on avait décidé qu'on partirait à huit
15 heures le lendemain, tout le monde se trouva dans la cuisine; mais la voiture, dont la bâche avait un toit de neige, se dressait solitaire au milieu de la cour, sans chevaux et sans conducteur. On chercha en vain celui-ci dans les écuries, dans les fourrages, dans les
20 remises. Alors tous les hommes se résolurent à battre le pays et ils sortirent. Ils se trouvèrent sur la place, avec l'église au fond et, des deux côtés, des maisons basses où l'on apercevait des soldats prussiens. Le premier qu'ils virent épluchait des pommes
25 de terre. Le second, plus loin, lavait la boutique du coiffeur. Un autre, barbu jusqu'aux yeux, embrassait un mioche qui pleurait et le berçait sur ses genoux pour tâcher de l'apaiser; et les grosses paysannes dont les hommes étaient à «l'armée de la guerre»,
30 indiquaient par signes à leurs vainqueurs obéissants le travail qu'il fallait entreprendre: fendre du bois, tremper la soupe, moudre le café; un d'eux même lavait le linge de son hôtesse, une aïeule toute impotente.
35 Le comte, étonné, interrogea le bedeau qui sortait du presbytère. Le vieux rat d'église lui répondit: «Oh! ceux-là ne sont pas méchants; c'est pas des Prussiens, à ce qu'on dit. Ils sont de plus loin; je ne sais pas bien d'où; et ils ont tous laissé une femme et des
40 enfants au pays; ça ne les amuse pas, la guerre, allez!

à pas de loup sans faire de bruit

un entrechat un pas de danse sauté
le madras *ici:* Schlafmütze
le drap Bettlaken
gésir *litt* être couché
la carcasse *fam* le corps

le grenier la partie d'une maison sous le toit où l'on range des objets
le ronflement le bruit régulier que font certaines personnes en dormant
la chaudière Heizkessel
sous pression unter Druck

se résoudre à se décider à
battre le pays *ici:* chercher dans le village

un mioche *fam* un enfant
bercer faire bouger régulièrement un petit enfant pour le calmer

fendre couper dans le sens de la longueur

une aïeule une très vieille femme
impotent,e qui ne peut pratiquement pas bouger ou marcher

Je suis sûr qu'on pleure bien aussi là-bas après les
hommes; et ça fournira une fameuse misère chez eux
comme chez nous. Ici, encore, on n'est pas trop
malheureux pour le moment, parce qu'ils ne font pas
5 de mal et qu'ils travaillent comme s'ils étaient dans
leurs maisons. Voyez-vous, monsieur, entre pauvres
gens, faut bien qu'on s'aide … C'est les grands qui
font la guerre.»

Cornudet, indigné de l'entente cordiale établie
10 entre les vainqueurs et les vaincus, se retira, préfé-
rant s'enfermer dans l'auberge. Loiseau eut un mot
pour rire: «Ils repeuplent.» M. Carré-Lamadon eut un
mot grave: «Ils réparent.» Mais on ne trouvait pas
le cocher. À la fin on le découvrit dans le café du
15 village, attablé fraternellement avec l'ordonnance de
l'officier. Le comte l'interpella:

«Ne vous avait-on pas donné l'ordre d'atteler pour
huit heures?

– Ah bien oui, mais on m'en a donné un autre
20 depuis.

– Lequel?

– De ne pas atteler du tout.

– Qui vous a donné cet ordre?

– Ma foi! le commandant prussien.

25 – Pourquoi?

– Je n'en sais rien. Allez lui demander. On me
défend d'atteler, moi je n'attelle pas. – Voilà.

– C'est lui-même qui vous a dit cela?

– Non, monsieur, c'est l'aubergiste qui m'a donné
30 l'ordre de sa part.

– Quand ça?

– Hier soir, comme j'allais me coucher.»

Les trois hommes rentrèrent fort inquiets.

On demanda M. Follenvie, mais la servante répon-
35 dit que Monsieur, à cause de son asthme, ne se levait
jamais avant dix heures. Il avait même formellement
défendu de le réveiller plus tôt, excepté en cas d'in-
cendie.

On voulut voir l'officier, mais cela était impossible
40 absolument, bien qu'il logeât dans l'auberge. M. Fol-

fournir *ici:* donner, pro-
voquer
fameux,se *fam* grand

cordial,e herzlich

repeupler *ici:* bevölkern

fraternellement
comme un frère
interpeller qn s'adres-
ser brusquement à qn

loger habiter

lenvie seul était autorisé à lui parler pour les affaires
civiles. Alors on attendit. Les femmes remontèrent
dans leurs chambres, et des futilités les occupèrent.

Cornudet s'installa sous la haute cheminée de la
5 cuisine, où flambait un grand feu. Il se fit apporter là
une des petites tables du café, une canette, et il tira
sa pipe qui jouissait parmi les démocrates d'une con-
sidération presque égale à la sienne, comme si elle
avait servi la patrie en servant à Cornudet. C'était
10 une superbe pipe en écume admirablement culottée,
aussi noire que les dents de son maître, mais par-
fumée, recourbée, luisante, familière à sa main,
et complétant sa physionomie. Et il demeura im-
mobile, les yeux tantôt fixés sur la flamme du foyer,
15 tantôt sur la mousse qui couronnait sa chope; et cha-
que fois qu'il avait bu, il passait d'un air satisfait ses
longs doigts maigres dans ses longs cheveux gras pen-
dant qu'il humait sa moustache frangée d'écume.

Loiseau, sous prétexte de se dégourdir les jambes,
20 alla placer du vin aux débitants du pays. Le comte et
le manufacturier se mirent à causer politique. Ils pré-
voyaient l'avenir de la France. L'un croyait aux d'Or-
léans, l'autre à un sauveur inconnu, un héros qui se
révélerait quand tout serait désespéré: un du Gues-
25 clin, une Jeanne d'Arc peut-être? ou un autre Napo-
léon Ier? Ah! si le prince impérial n'était pas si jeune!
Cornudet, les écoutant, souriait en homme qui sait
le mot des destinées. Sa pipe embaumait la cuisine.

Comme dix heures sonnaient, M. Follenvie parut.
30 On l'interrogea bien vite; mais il ne put que répéter
deux ou trois fois, sans une variante, ces paroles:
«L'officier m'a dit comme ça: ‹Monsieur Follenvie,
vous défendrez qu'on attelle demain la voiture de ces
voyageurs. Je ne veux pas qu'ils partent sans mon
35 ordre. Vous entendez. Ça suffit.›»

Alors on voulut voir l'officier. Le comte lui envoya
sa carte où M. Carré-Lamadon ajouta son nom et
tous ses titres. Le Prussien fit répondre qu'il admet-
trait ces deux hommes à lui parler quand il aurait
40 déjeuné, c'est-à-dire vers une heure.

une futilité une chose
peu importante

**jouir d'une considéra-
tion** Ansehen genießen

l'écume *f* Schaum
culotté,e *ici:* noirci par
la fumée
recourbé,e gebogen
familier,ère vertraut

le foyer la partie de la
cheminée où brûle le feu
couronner krönen

humer respirer pour
sentir
frangé,e bordé
**se dégourdir les jam-
bes** sich die Beine ver-
treten
placer *ici:* vendre

se révéler *ici:*
apparaître

le mot des destinées
ce qui se passera dans
l'avenir
embaumer qc donner
une bonne odeur à qc

Les dames reparurent et l'on mangea quelque peu,
malgré l'inquiétude. Boule de suif semblait malade et
prodigieusement troublée.

On achevait le café quand l'ordonnance vint
5 chercher ces messieurs.

Loiseau se joignit aux deux premiers; comme on
essayait d'entraîner Cornudet pour donner plus de
solennité à leur démarche, il déclara fièrement qu'il
entendait n'avoir jamais aucun rapport avec les
10 Allemands; et il se remit dans sa cheminée, deman-
dant une autre canette.

Les trois hommes montèrent et furent introduits
dans la plus belle chambre de l'auberge où l'officier
les reçut, étendu dans un fauteuil, les pieds sur la
15 cheminée, fumant une longue pipe de porcelaine, et
enveloppé par une robe de chambre flamboyante,
dérobée sans doute dans la demeure abandonnée de
quelque bourgeois de mauvais goût. Il ne se leva pas,
ne les salua pas, ne les regarda pas. Il présentait un
20 magnifique échantillon de la goujaterie naturelle au
militaire victorieux.

Au bout de quelques instants il dit enfin:

«Qu'est-ce que fous foulez?»

Le comte prit la parole: «Nous désirons partir,
25 monsieur.

– Non.

– Oserai-je vous demander la cause de ce refus?

– Parce que che ne feux pas.

– Je vous ferai respectueusement observer, mon-
30 sieur, que votre général en chef nous a délivré une
permission de départ pour gagner Dieppe; et je ne
pense pas que nous ayons rien fait pour mériter vos
rigueurs.

– Che ne feux pas ... foilà tout Fous poufez
35 tescentre.»

S'étant inclinés tous les trois ils se retirèrent.

L'après-midi fut lamentable. On ne comprenait
rien à ce caprice d'Allemand; et les idées les plus
singulières troublaient les têtes. Tout le monde se
40 tenait dans la cuisine, et l'on discutait sans fin,

prodigieusement
extraordinairement

la solennité *ici:* feier-
licher Anstrich

flamboyant,e *ici:* de
couleur très vive
dérober voler

un échantillon un
exemple
la goujaterie le carac-
tère d'un homme très
mal élevé

délivrer *ici:* donner

la rigueur la sévérité, la
dureté

s'incliner sich verbeu-
gen
lamentable très triste

singulier,ère étrange,
bizarre

imaginant des choses invraisemblables. On voulait
peut-être les garder comme otages – mais dans quel
but? – ou les emmener prisonniers? ou, plutôt, leur
demander une rançon considérable? À cette pensée
5 une panique les affola. Les plus riches étaient les plus
épouvantés, se voyant déjà contraints, pour racheter
leur vie, de verser des sacs pleins d'or entre les mains
de ce soldat insolent. Ils se creusaient la cervelle
pour découvrir des mensonges acceptables, dis-
10 simuler leurs richesses, se faire passer pour pauvres,
très pauvres. Loiseau enleva sa chaîne de montre
et la cacha dans sa poche. La nuit qui tombait
augmenta les appréhensions. La lampe fut allu-
mée, et comme on avait encore deux heures avant le
15 dîner, Mme Loiseau proposa une partie de trente-et-
un. Ce serait une distraction. On accepta. Cornudet
lui-même, ayant éteint sa pipe par politesse, y prit
part.

Le comte battit les cartes – donna – Boule de suif
20 avait trente-et-un d'emblée; et bientôt l'intérêt de la
partie apaisa la crainte qui hantait les esprits. Mais
Cornudet s'aperçut que le ménage Loiseau s'enten-
dait pour tricher.

Comme on allait se mettre à table, M. Follenvie
25 reparut; et de sa voix graillonnante il prononça:
«L'officier prussien fait demander à Mlle Élisabeth
Rousset si elle n'a pas encore changé d'avis.»

Boule de suif resta debout, toute pâle; puis, deve-
nant subitement cramoisie, elle eut un tel étouffe-
30 ment de colère qu'elle ne pouvait plus parler. Enfin
elle éclata: «Vous lui direz à cette crapule, à ce
saligaud, à cette charogne de Prussien, que jamais
je ne voudrai; vous entendez bien, jamais, jamais,
jamais.»
35 Le gros aubergiste sortit. Alors Boule de suif fut
entourée, interrogée, sollicitée par tout le monde de
dévoiler le mystère de sa visite. Elle résista d'abord;
mais l'exaspération l'emporta bientôt: «Ce qu'il
veut?... ce qu'il veut?... Il veut coucher avec moi!»
40 cria-t-elle. Personne ne se choqua du mot, tant

invraisemblable qui ne
semble pas vrai
un otage Geisel

la rançon l'argent *m*
demandé pour un otage

se creuser la cervelle
fam réfléchir beaucoup
dissimuler cacher

une appréhension la
crainte

le trente-et-un un jeu
de cartes de l'époque

d'emblée dès le début,
tout de suite
hanter *ici:* inquiéter

tricher mogeln

graillonnant,e *fam*
enroué, heiser

cramoisi,e très rouge
un étouffement le fait
de manquer d'air
la crapule Schuft
le saligaud *vulg*
Schweinehund
la charogne *vulg* Aas

solliciter qn demander
à qn
dévoiler *ici:* dire

l'indignation fut vive. Cornudet brisa sa chope en
la reposant violemment sur la table. C'était une
clameur de réprobation contre ce soudard ignoble, un
souffle de colère, une union de tous pour la résis-
5 tance, comme si l'on eût demandé à chacun une par-
tie du sacrifice exigé d'elle. Le comte déclara avec
dégoût que ces gens-là se conduisaient à la façon des
anciens barbares. Les femmes surtout témoignèrent
à Boule de suif une commisération énergique et
10 caressante. Les bonnes sœurs, qui ne se montraient
qu'aux repas, avaient baissé la tête et ne disaient
rien.

On dîna néanmoins lorsque la première fureur fut
apaisée; mais on parla peu, on songeait.

15 Les dames se retirèrent de bonne heure; et les
hommes, tout en fumant, organisèrent un écarté
auquel fut convié M. Follenvie qu'on avait l'inten-
tion d'interroger habilement sur les moyens à
employer pour vaincre la résistance de l'officier.
20 Mais il ne songeait qu'à ses cartes, sans rien écouter,
sans rien répondre; et il répétait sans cesse: «Au jeu,
messieurs, au jeu.» Son attention était si tendue qu'il
en oubliait de cracher, ce qui lui mettait parfois des
points d'orgue dans la poitrine. Ses poumons sifflants
25 donnaient toute la gamme de l'asthme, depuis les
notes graves et profondes jusqu'aux enrouements
aigus des jeunes coqs essayant de chanter.

Il refusa même de monter quand sa femme, qui
tombait de sommeil, vint le chercher. Alors elle par-
30 tit toute seule, car elle était «du matin», toujours
levée avec le soleil, tandis que son homme était «du
soir», toujours prêt à passer la nuit avec des amis. Il
lui cria: «Tu placeras mon lait de poule devant le
feu», et se remit à sa partie. Quand on vit bien qu'on
35 n'en pourrait rien tirer on déclara qu'il était temps de
s'en aller, et chacun gagna son lit.

On se leva encore d'assez bonne heure le lende-
main, avec un espoir indéterminé, un désir plus
grand de s'en aller, une terreur du jour à passer dans
40 cette horrible petite auberge.

briser casser

la clameur le cri
la réprobation Mißbilli-
gung
ignoble gemein
le sacrifice Opfer

témoigner ici: montrer
la commisération la
pitié

un écarté un jeu de car-
tes
convier à inviter à
habilement geschickt

tendu,e angespannt

cracher spucken
un point d'orgue un
temps d'arrêt en musi-
que
le poumon l'organe m
avec lequel on respire
la gamme Tonleiter
grave ici: bas
aigu,ë ici: haut

Hélas! les chevaux restaient à l'écurie, le cocher demeurait invisible. On alla, par désœuvrement, tourner autour de la voiture.

Le déjeuner fut bien triste; et il s'était produit comme un refroidissement vis-à-vis de Boule de suif, car la nuit, qui porte conseil, avait un peu modifié les jugements. On en voulait presque à cette fille, maintenant, de n'avoir pas été trouver secrètement le Prussien, afin de ménager, au réveil, une bonne surprise à ses compagnons. Quoi de plus simple? Qui l'eût su d'ailleurs? Elle aurait pu sauver les apparences en faisant dire à l'officier qu'elle prenait en pitié leur détresse. Pour elle ça avait si peu d'importance!

Mais personne n'avouait encore ces pensées.

Dans l'après-midi, comme on s'ennuyait à périr, le comte proposa de faire une promenade aux alentours du village. Chacun s'enveloppa avec soin et la petite société partit, à l'exception de Cornudet, qui préférait rester près du feu, et des bonnes sœurs, qui passaient leurs journées dans l'église ou chez le curé.

Le froid, plus intense de jour en jour, piquait cruellement le nez et les oreilles; les pieds devenaient si douloureux que chaque pas était une souffrance; et lorsque la campagne se découvrit, elle leur apparut si effroyablement lugubre sous cette blancheur illimitée que tout le monde aussitôt retourna, l'âme glacée et le cœur serré.

Les quatre femmes marchaient devant, les trois hommes suivaient, un peu derrière.

Loiseau, qui comprenait la situation, demanda tout à coup si cette «garce-là» allait les faire rester longtemps encore dans un pareil endroit. Le comte, toujours courtois, dit qu'on ne pouvait exiger d'une femme un sacrifice aussi pénible, et qu'il devait venir d'elle-même. M. Carré-Lamadon remarqua que si les Français faisaient, comme il en était question, un retour offensif par Dieppe, la rencontre ne pourrait avoir lieu qu'à Tôtes. Cette réflexion rendit les deux autres soucieux. «Si l'on se sauvait à pied», dit Loiseau. Le comte haussa les épaules: «Y songez-

invisible qu'on ne voit pas

le désœuvrement le fait de n'avoir rien à faire

en vouloir à qn être en colère contre qn

ménager *ici:* faire

sauver les apparences *f* den Anschein wahren

périr mourir

piquer *ici:* faire mal

effroyablement terriblement
lugubre profondément triste
illimité,e sans limite, sans fin

la garce *vulg* Weibsbild, Hure

hausser les épaules *f* die Achseln zucken

37

vous, dans cette neige? avec nos femmes? Et puis nous serions tout de suite poursuivis, rattrapés en dix minutes, et ramenés prisonniers à la merci des soldats.» C'était vrai; on se tut.

5 Les dames parlaient toilette; mais une certaine contrainte semblait les désunir.

Tout à coup, au bout de la rue, l'officier parut. Sur la neige qui fermait l'horizon il profilait sa grande taille de guêpe en uniforme, et marchait, les genoux
10 écartés, de ce mouvement particulier aux militaires qui s'efforcent de ne point maculer leurs bottes soigneusement cirées.

Il s'inclina en passant près des dames, et regarda dédaigneusement les hommes qui eurent, du reste, la
15 dignité de ne se point découvrir, bien que Loiseau ébauchât un geste pour retirer sa coiffure.

Boule de suif était devenue rouge jusqu'aux oreilles; et les trois femmes mariées ressentaient une grande humiliation d'être ainsi rencontrées par ce
20 soldat, dans la compagnie de cette fille qu'il avait si cavalièrement traitée.

Alors on parla de lui, de sa tournure, de son visage. Mme Carré-Lamadon, qui avait connu beaucoup d'officiers et qui les jugeait en connaisseur, trouvait
25 celui-là pas mal du tout; elle regrettait même qu'il ne fût pas Français, parce qu'il ferait un fort joli hussard dont toutes les femmes assurément raffoleraient.

Une fois rentrés, on ne sut plus que faire. Des paroles aigres furent même échangées à propos de choses
30 insignifiantes. Le dîner silencieux dura peu, et chacun monta se coucher, espérant dormir pour tuer le temps.

On descendit le lendemain avec des visages fatigués et des cœurs exaspérés. Les femmes parlaient à
35 peine à Boule de suif.

Une cloche tinta. C'était pour un baptême. La grosse fille avait un enfant élevé chez des paysans d'Yvetot. Elle ne le voyait pas une fois l'an, et n'y songeait jamais; mais la pensée de celui qu'on allait
40 baptiser lui jeta au cœur une tendresse subite et vio-

38

la contrainte *ici:* Unbehagen
désunir ≠ unir

la guêpe Wespe
le genou Knie

maculer salir

ébaucher *ici:* commencer
la coiffure *ici:* le chapeau
l'humiliation *f* Demütigung

cavalièrement de manière impertinente, impolie

raffoler de aimer beaucoup qc

aigre *ici:* blessant

tinter sonner

subit,e soudain,e

lente pour le sien, et elle voulut absolument assister
à la cérémonie.

Aussitôt qu'elle fut partie, tout le monde se
regarda, puis on rapprocha les chaises, car on sentait
5 bien qu'à la fin il fallait décider quelque chose.
Loiseau eut une inspiration: il était d'avis de pro-
poser à l'officier de garder Boule de suif toute seule,
et de laisser partir les autres.

M. Follenvie se chargea encore de la commission,
10 mais il redescendit presque aussitôt. L'Allemand, qui
connaissait la nature humaine, l'avait mis à la porte.
Il prétendait retenir tout le monde tant que son désir
ne serait pas satisfait.

prétendre *ici:* vouloir

Alors le tempérament populacier de Mme Loiseau
15 éclata: «Nous n'allons pourtant pas mourir de vieil-
lesse ici. Puisque c'est son métier, à cette gueuse, de
faire ça avec tous les hommes, je trouve qu'elle n'a
pas le droit de refuser l'un plutôt que l'autre. Je vous
demande un peu, ça a pris tout ce qu'elle a trouvé
20 dans Rouen, même des cochers! oui, madame, le
cocher de la préfecture! Je le sais bien, moi, il achète
son vin à la maison. Et aujourd'hui qu'il s'agit de
nous tirer d'embarras, elle fait la mijaurée, cette mor-
veuse!... Moi, je trouve qu'il se conduit très bien, cet
25 officier. Il est peut-être privé depuis longtemps; et
nous étions là trois qu'il aurait sans doute préférées.
Mais non, il se contente de celle à tout le monde. Il
respecte les femmes mariées. Songez donc, il est le
maître. Il n'avait qu'à dire: ‹Je veux›, et il pouvait
30 nous prendre de force avec ses soldats.»

populacier,ère vulgaire

la gueuse Hure

l'embarras *m* la dif-
ficulté
faire la mijaurée sich
zieren
le/la morveux,se Rotz-
nase

Les deux femmes eurent un petit frisson. Les yeux
de la jolie Mme Carré-Lamadon brillaient, et elle
était un peu pâle, comme si elle se sentait déjà prise
de force par l'officier.

35 Les hommes, qui discutaient à l'écart, se rap-
prochèrent. Loiseau, furibond, voulait livrer «cette
misérable» pieds et poings liés à l'ennemi. Mais le
comte, issu de trois générations d'ambassadeurs, et
doué d'un physique de diplomate, était partisan de
40 l'habileté: «Il faudrait la décider», dit-il.

prendre de force
prendre contre sa
volonté

furibond,e très en
colère
pieds et poings liés
an Händen und Füßen
gefesselt
issu,e de venant de
un ambassadeur un
diplomate qui
représente son pays
à l'étranger
doué,e de qui possède

Alors on conspira.

Les femmes se serrèrent, le ton de la voix fut baissé, et la discussion devint générale, chacun donnant son avis. C'était fort convenable du reste. Ces dames surtout trouvaient des délicatesses de tournures, des subtilités d'expression charmantes, pour dire les choses les plus scabreuses. Un étranger n'aurait rien compris tant les précautions du langage étaient observées. Mais la légère tranche de pudeur dont est bardée toute femme du monde ne recouvrant que la surface, elles s'épanouissaient dans cette aventure polissonne, s'amusaient follement au fond, se sentant dans leur élément, tripotant de l'amour avec la sensualité d'un cuisinier gourmand qui prépare le souper d'un autre.

La gaieté revenait d'elle-même, tant l'histoire leur semblait drôle à la fin. Le comte trouva des plaisanteries un peu risquées, mais si bien dites qu'elles faisaient sourire. À son tour Loiseau lâcha quelques grivoiseries plus raides dont on ne se blessa point; et la pensée brutalement exprimée par sa femme dominait tous les esprits: «Puisque c'est son métier à cette fille, pourquoi refuserait-elle celui-là plus qu'un autre?» La gentille Mme Carré-Lamadon semblait même penser qu'à sa place elle refuserait celui-là moins qu'un autre.

On prépara longuement le blocus, comme pour une forteresse investie. Chacun convint du rôle qu'il jouerait, des arguments dont il s'appuierait, des manœuvres qu'il devrait exécuter. On régla le plan des attaques, les ruses à employer, et les surprises de l'assaut, pour forcer cette citadelle vivante à recevoir l'ennemi dans la place.

Cornudet cependant restait à l'écart, complètement étranger à cette affaire.

Une attention si profonde tendait les esprits, qu'on n'entendit point rentrer Boule de suif. Mais le comte souffla un léger: «Chut» qui fit relever tous les yeux. Elle était là. On se tut brusquement, et un certain embarras empêcha d'abord de lui parler. La comtesse,

convenable qui respecte la morale
la tournure l'expression *f*
scabreux,se qui choque la morale

bardé,e *ici:* enveloppé
s'épanouir aufblühen
polisson,ne anzüglich
tripoter *fam* toucher sans cesse
la sensualité Sinnlichkeit

lâcher *ici:* dire
la grivoiserie une parole choquante
raide *ici:* choquant

convenir de décider de

à l'écart *m* à distance *f*

40

plus assouplie que les autres aux duplicités des salons, l'interrogea: «Était-ce amusant, ce baptême?»

La grosse fille, encore émue, raconta tout, et les figures, et les attitudes, et l'aspect même de l'église.
5 Elle ajouta: «C'est si bon de prier quelquefois.»

Cependant, jusqu'au déjeuner, ces dames se contentèrent d'être aimables avec elle, pour augmenter sa confiance et sa docilité à leurs conseils.

Aussitôt à table, on commença les approches. Ce
10 fut d'abord une conversation vague sur le dévouement. On cita des exemples anciens: Judith et Holopherne, puis, sans aucune raison, Lucrèce avec Sextus, Cléopâtre faisant passer par sa couche tous les généraux ennemis, et les y réduisant à des ser-
15 vilités d'esclave. Alors se déroula une histoire fantaisiste, éclose dans l'imagination de ces millionnaires ignorants, où les citoyennes de Rome allaient endormir à Capoue Annibal entre leurs bras, et, avec lui, ses lieutenants, et les phalanges des mercenaires.
20 On cita toutes les femmes qui ont arrêté des conquérants, fait de leur corps un champ de bataille, un moyen de dominer, une arme, qui ont vaincu par leurs caresses héroïques des êtres hideux ou détestés, et sacrifié leur chasteté à la vengeance et au dévoue-
25 ment.

On parla même en termes voilés de cette Anglaise de grande famille qui s'était laissé inoculer une horrible et contagieuse maladie pour la transmettre à Bonaparte sauvé miraculeusement, par une faiblesse
30 subite, à l'heure du rendez-vous fatal.

Et tout cela était raconté d'une façon convenable et modérée, où parfois éclatait un enthousiasme voulu propre à exciter l'émulation.

On aurait pu croire, à la fin, que le seul rôle de la
35 femme, ici-bas, était un perpétuel sacrifice de sa personne, un abandon continu aux caprices des soldatesques.

Les deux bonnes sœurs ne semblaient point entendre, perdues en des pensées profondes. Boule de
40 suif ne disait rien.

assoupli,e à *ici:* habitué à
la duplicité la fausseté

le dévouement le sacrifice

la couche *litt* le lit
réduire à *ici:* zwingen zu
la servilité une obéissance exagérée
éclos,e *ici:* né

hideux,se laid, ≠ beau
détester haïr, ≠ aimer
la chasteté la vertu, Keuschheit

inoculer transmettre, donner une maladie
contagieux,se qui se transmet d'une personne à une autre
miraculeusement par chance

propre à geeignet zu
l'émulation *f* Nacheifern
perpétuel,le qui dure toujours

Pendant toute l'après-midi on laissa réfléchir. Mais, au lieu de l'appeler «madame» comme on avait fait jusque-là, on lui disait simplement «mademoiselle», sans que personne sût bien pour-
5 quoi, comme si l'on avait voulu la faire descendre d'un degré dans l'estime qu'elle avait escaladée, lui faire sentir sa situation honteuse.

Au moment où l'on servit le potage, M. Follenvie reparut, répétant sa phrase de la veille: «L'officier
10 prussien fait demander à Mlle Élisabeth Rousset si elle n'a point encore changé d'avis.»

Boule de suif répondit sèchement: «Non, monsieur».

Mais au dîner la coalition faiblit. Loiseau eut trois
15 phrases malheureuses. Chacun se battait les flancs pour découvrir des exemples nouveaux et ne trouvait rien, quand la comtesse, sans préméditation peut-être, éprouvant un vague besoin de rendre hommage à la Religion, interrogea la plus âgée des bonnes
20 sœurs sur les grands faits de la vie des saints. Or beaucoup avaient commis des actes qui seraient des crimes à nos yeux; mais l'Église absout sans peine ces forfaits quand ils sont accomplis pour la gloire de Dieu, ou pour le bien du prochain. C'était un argu-
25 ment puissant; la comtesse en profita. Alors, soit par une de ces ententes tacites, de ces complaisances voilées, où excelle quiconque porte un habit ecclésiastique, soit simplement par l'effet d'une in-intelligence heureuse, d'une secourable bêtise, la
30 vieille religieuse apporta à la conspiration un formidable appui. On la croyait timide, elle se montra hardie, verbeuse, violente. Celle-là n'était pas troublée par les tâtonnements de la casuistique; sa doctrine semblait une barre de fer; sa foi n'hésitait jamais; sa
35 conscience n'avait point de scrupules. Elle trouvait tout simple le sacrifice d'Abraham, car elle aurait immédiatement tué père et mère sur un ordre venu d'en haut; et rien, à son avis, ne pouvait déplaire au Seigneur quand l'intention était louable. La com-
40 tesse, mettant à profit l'autorité sacrée de sa com-

l'estime *f* le respect
escalader monter

se battre les flancs *m*
fam faire des efforts *m*

sans préméditation *f*
sans le vouloir

le forfait le crime

tacite muet, sans paroles
la complaisance Gefälligkeit
exceller dans qc être très bon dans qc
quiconque chaque personne
verbeux,se qui s'exprime avec trop de mots
le tâtonnement *ici:*
l'hésitation *f*

louable que l'on doit louer, trouver bon

42

plice inattendue, lui fit faire comme une paraphrase
édifiante de cet axiome de morale: «La fin justifie les
moyens.»

Elle l'interrogeait:

5 «Alors, ma sœur, vous pensez que Dieu accepte
toutes les voies, et pardonne le fait quand le motif est
pur?

– Qui pourrait en douter, madame? Une action
blâmable en soi devient souvent méritoire par la pen-
10 sée qui l'inspire.»

Et elles continuaient ainsi, démêlant les volontés
de Dieu, prévoyant ses décisions, le faisant s'intéres-
ser à des choses qui, vraiment, ne le regardaient
guère.

15 Tout cela était enveloppé, habile, discret. Mais
chaque parole de la sainte fille en cornette faisait
brèche dans la résistance indignée de la courtisane.
Puis, la conversation se détournant un peu, la femme
aux chapelets pendants parla des maisons de son
20 ordre, de sa supérieure, d'elle-même, et de sa mi-
gnonne voisine la chère sœur Saint-Nicéphore. On
les avait demandées au Havre pour soigner dans les
hôpitaux des centaines de soldats atteints de la petite
vérole. Elles les dépeignit, ces misérables, détailla
25 leur maladie. Et tandis qu'elles étaient arrêtées en
route par les caprices de ce Prussien, un grand
nombre de Français pouvaient mourir qu'elles
auraient sauvés peut-être! C'était sa spécialité, à elle,
de soigner les militaires; elle avait été en Crimée, en
30 Italie, en Autriche, et, racontant ses campagnes, elle
se révéla tout à coup une de ces religieuses à tam-
bours et à trompettes qui semblent faites pour suivre
les camps, ramasser des blessés dans les remous des
batailles, et, mieux qu'un chef, dompter d'un mot les
35 grands soudards indisciplinés; une vraie bonne sœur
Ran-tan-plan dont la figure ravagée, crevée de trous
sans nombre, paraissait une image des dévastations
de la guerre.

Personne ne dit rien après elle, tant l'effet semblait
40 excellent.

édifiant,e exemplaire, moral
un axiome une règle

la voie le chemin

blâmable que l'on doit blâmer, trouver mal, ≠ louable
méritoire louable
démêler auseinandernehmen
regarder qn *fig* concerner qn

faire brèche faire une ouverture

mignon,ne joli

atteint,e de malade de
la petite vérole Pocken
dépeindre décrire

le remous le mouvement

ravagé,e détruit, abîmé
crevé,e troué

43

Aussitôt le repas terminé on remonta bien vite dans les chambres pour ne descendre, le lendemain, qu'assez tard dans la matinée.

Le déjeuner fut tranquille. On donnait à la graine
5 semée la veille le temps de germer et de pousser ses fruits.

La comtesse proposa de faire une promenade dans l'après-midi; alors le comte, comme il était convenu, prit le bras de Boule de suif, et demeura derrière les
10 autres, avec elle.

Il lui parla de ce ton familier, paternel, un peu dédaigneux, que les hommes posés emploient avec les filles, l'appelant: «ma chère enfant», la traitant du haut de sa position sociale, de son honorabilité
15 indiscutée. Il pénétra tout de suite au vif de la question:

«Donc vous préférez nous laisser ici, exposés comme vous-même à toutes les violences qui suivraient un échec des troupes prussiennes, plutôt que
20 de consentir à une de ces complaisances que vous avez eues si souvent en votre vie?»

Boule de suif ne répondit rien.

Il la prit par la douceur, par le raisonnement, par les sentiments. Il sut rester «monsieur le comte»,
25 tout en se montrant galant quand il le fallut, complimenteur, aimable enfin. Il exalta le service, qu'elle leur rendrait, parla de leur reconnaissance; puis soudain, la tutoyant gaiement: «Et tu sais, ma chère, il pourrait se vanter d'avoir goûté d'une jolie fille
30 comme il n'en trouvera pas beaucoup dans son pays.»

Boule de suif ne répondit pas et rejoignit la société.

Aussitôt rentrée, elle monta chez elle et ne reparut plus. L'inquiétude était extrême. Qu'allait-elle faire?
35 Si elle résistait, quel embarras!

L'heure du dîner sonna; on l'attendit en vain. M. Follenvie, entrant alors, annonça que Mlle Rousset se sentait indisposée, et qu'on pouvait se mettre à table. Tout le monde dressa l'oreille. Le comte s'ap-
40 procha de l'aubergiste, et, tout bas: «Ça y est? —

44

la graine Saat
semer mettre la graine en terre
germer keimen

posé,e ici: sérieux

l'honorabilité f la respectabilité
pénétrer au vif de la question toucher au point essentiel

complimenteur,se qui fait des compliments m
exalter litt louer
la reconnaissance Dankbarkeit

se vanter de sich rühmen

se sentir indisposé,e se sentir mal

Oui.» Par convenance, il ne dit rien à ses compagnons, mais il leur fit seulement un léger signe de la tête. Aussitôt un grand soupir de soulagement sortit de toutes les poitrines, une allégresse parut sur les
5 visages. Loiseau cria: «Saperlipopette! je paye du champagne si l'on en trouve dans l'établissement»; et Mme Loiseau eut une angoisse lorsque le patron revint avec quatre bouteilles aux mains. Chacun était devenu subitement communicatif et bruyant;
10 une joie égrillarde emplissait les cœurs. Le comte parut s'apercevoir que Mme Carré-Lamadon était charmante, le manufacturier fit des compliments à la comtesse. La conversation fut vive, enjouée, pleine de traits.
15 Tout à coup, Loiseau, la face anxieuse et levant les bras, hurla: «Silence!» Tout le monde se tut, surpris, presque effrayé déjà. Alors il tendit l'oreille en faisant «Chut» des deux mains, leva les yeux vers le plafond, écouta de nouveau, et reprit, de sa voix
20 naturelle: «Rassurez-vous, tout va bien.»
On hésitait à comprendre, mais bientôt un sourire passa.
Au bout d'un quart d'heure il recommença la même farce, la renouvela souvent dans la soirée; et il
25 faisait semblant d'interpeller quelqu'un à l'étage au-dessus, en lui donnant des conseils à double sens puisés dans son esprit de commis voyageur. Par moments il prenait un air triste pour soupirer: «Pauvre fille!» ou bien il murmurait entre ses dents
30 d'un air rageur: «Gueux de Prussien, va!» Quelquefois, au moment où l'on n'y songeait plus, il poussait d'une voix vibrante plusieurs: «Assez! assez!» et ajoutait, comme se parlant à lui-même: «Pourvu que nous la revoyions; qu'il ne l'en fasse pas
35 mourir, le misérable!»
Bien que ces plaisanteries fussent d'un goût déplorable, elles amusaient et ne blessaient personne, car l'indignation dépend des milieux comme le reste, et l'atmosphère qui s'était peu à peu créée autour d'eux
40 était chargée de pensées grivoises.

par convenance anstandshalber
le soupir Seufzer
le soulagement Erleichterung
une allégresse *litt* une joie
saperlipopette *fam* Donnerwetter

égrillard,e schlüpfrig

enjoué,e vif
le trait *litt* la pointe

chut pst
le plafond la partie supérieure d'une pièce

puisé,e *ici:* trouvé, pris
le commis voyageur *vx* le représentant de commerce
rageur,se en colère, furieux
le gueux Lump

déplorable regrettable, mauvais

grivois,se qui choque la morale

Au dessert, les femmes elles-mêmes firent des allusions spirituelles et discrètes. Les regards luisaient; on avait bu beaucoup . Le comte, qui conservait même en ses écarts sa grande apparence de
5 gravité, trouva une comparaison fort goûtée sur la fin des hivernages au pôle et la joie des naufragés qui voient s'ouvrir une route vers le sud.

Loiseau, lancé, se leva, un verre de champagne à la main: «Je bois à notre délivrance!» Tout le monde fut
10 debout; on l'acclamait. Les deux bonnes sœurs, elles-mêmes, sollicitées par ces dames, consentirent à tremper leurs lèvres dans ce vin mousseux dont elles n'avaient jamais goûté. Elles déclarèrent que cela ressemblait à la limonade gazeuse, mais que c'était
15 plus fin cependant.

Loiseau résuma la situation.

«C'est malheureux de ne pas avoir de piano parce qu'on pourrait pincer un quadrille.»

Cornudet n'avait pas dit un mot, pas fait un geste;
20 il paraissait même plongé dans des pensées très graves, et tirait parfois, d'un geste furieux, sa grande barbe qu'il semblait vouloir allonger encore. Enfin, vers minuit, comme on allait se séparer, Loiseau qui titubait, lui tapa soudain sur le ventre et lui dit en
25 bredouillant: «Vous n'êtes pas farce, vous, ce soir; vous ne dites rien, citoyen?» Mais Cornudet releva brusquement la tête, et parcourant la société d'un regard luisant et terrible: «Je vous dis à tous que vous venez de faire une infamie!» Il se leva, gagna la
30 porte, répéta encore une fois: «Une infamie!» et disparut.

Cela jeta un froid d'abord. Loiseau interloqué restait bête; mais il reprit son aplomb, puis, tout à coup, se tordit en répétant: «Ils sont trop verts mon
35 vieux, ils sont trop verts.» Comme on ne comprenait pas, il raconta les: «mystères du corridor». Alors il y eut une reprise de gaieté formidable. Ces dames s'amusaient comme des folles. Le comte et M. Carré-Lamadon pleuraient à force de rire. Ils ne pouvaient
40 croire.

un écart le fait de s'éloigner des règles sociales
goûté,e ici: apprécié
l'hivernage m la période d'hiver où les bateaux ne peuvent circuler
le naufragé Schiffbrüchiger

pincer un quadrille jouer un quadrille, une danse à la mode au 19^e siècle

tituber avoir du mal à marcher quand on a trop bu
bredouiller dire de manière peu compréhensible
être farce fam vx être comique, drôle

jeter un froid wie eine kalte Dusche wirken
interloqué,e très surpris
l'aplomb m l'assurance f
se tordre fam rire très fort
ils sont trop verts se dit d'une chose qu'on ne peut obtenir
à force de rire tant ils riaient

«Comment. Vous êtes sûr? Il voulait…
– Je vous dis que je l'ai vu.
– Et, elle a refusé…
– Parce que le Prussien était dans la chambre à côté.
5 – Pas possible?
– Je vous le jure.»
Le comte étouffait. L'industriel se comprimait le
ventre à deux mains. Loiseau continuait:
«Et, vous comprenez, ce soir, il ne la trouve pas
10 drôle, mais pas du tout.»
Et tous les trois repartaient, malades, essoufflés,
toussant.
On se sépara là-dessus. Mais Mme Loiseau, qui
était de la nature des orties, fit remarquer à son mari,
15 au moment où ils se couchaient, que «cette chipie»
de petite Carré-Lamadon avait ri jaune toute la
soirée: «Tu sais, les femmes, quand ça en tient pour
l'uniforme, qu'il soit Français ou bien Prussien ça
leur est, ma foi, bien égal. Si ce n'est pas une pitié,
20 Seigneur Dieu!»
Et toute la nuit, dans l'obscurité du corridor couru-
rent comme des frémissements, des bruits légers, à
peine sensibles, pareils à des souffles, des effleure-
ments de pieds nus, d'imperceptibles craquements.
25 Et l'on ne dormit que très tard, assurément, car des
filets de lumière glissèrent longtemps sous les por-
tes. Le champagne a de ces effets-là; il trouble, dit-
on, le sommeil.
Le lendemain, un clair soleil d'hiver rendait la
30 neige éblouissante. La diligence, attelée enfin, atten-
dait devant la porte tandis qu'une armée de pigeons
blancs, rengorgés dans leurs plumes épaisses, avec
un œil rose, taché, au milieu, d'un point noir, se
promenaient gravement entre les jambes des six
35 chevaux, et cherchaient leur vie dans le crottin fu-
mant qu'ils éparpillaient.
Le cocher, enveloppé dans sa peau de mouton, gril-
lait une pipe sur le siège, et tous les voyageurs
radieux faisaient rapidement empaqueter des provi-
40 sions pour le reste du voyage.

étouffer *ici:* rire telle-
ment qu'on a du mal à
respirer
comprimer *ici:* tenir

essoufflé,e außer Atem

une ortie Brennessel
une chipie *fam péj* zän-
kisches Weib
rire jaune gezwungen
lachen
en tenir pour *fam* avoir
de la sympathie pour
si ce n'est pas une pitié
fam ist es nicht ein Jam-
mer

le frémissement un
tremblement léger
un effleurement le fait
de toucher légèrement
qc
imperceptible que l'on
remarque à peine
un filet *ici:* un rayon

éblouissant,e très bril-
lant
le pigeon Taube
rengorgé,e la gorge en
avant

éparpiller jeter ici et là

griller *ici:* fumer

radieux,se très heureux

On n'attendait plus que Boule de suif. Elle parut.

Elle semblait un peu troublée, honteuse; et elle s'avança timidement vers ses compagnons, qui, tous, d'un même mouvement, se détournèrent comme s'ils 5 ne l'avaient pas aperçue. Le comte prit avec dignité le bras de sa femme et l'éloigna de ce contact impur.

La grosse fille s'arrêta stupéfaite; alors, ramassant tout son courage, elle aborda la femme du manufacturier d'un «bonjour, madame» humblement mur- 10 muré. L'autre fit de la tête seule un petit salut impertinent qu'elle accompagna d'un regard de vertu outragée. Tout le monde semblait affairé, et l'on se tenait loin d'elle comme si elle eût apporté une infection dans ses jupes. Puis on se précipita vers la voi- 15 ture, où elle arriva seule, la dernière, et reprit en silence la place qu'elle avait occupée pendant la première partie de la route.

On semblait ne pas la voir, ne pas la connaître; mais Mme Loiseau, la considérant de loin avec indi- 20 gnation, dit à mi-voix à son mari: «Heureusement que je ne suis pas à côté d'elle.»

La lourde voiture s'ébranla, et le voyage recommença.

On ne parla point d'abord. Boule de suif n'osait pas 25 lever les yeux. Elle se sentait en même temps indignée contre tous ses voisins, et humiliée d'avoir cédé, souillée par les baisers de ce Prussien entre les bras duquel on l'avait hypocritement jetée.

Mais la comtesse, se tournant vers Mme Carré- 30 Lamadon, rompit bientôt ce pénible silence.

«Vous connaissez, je crois, Mme d'Etrelles?

– Oui, c'est une de mes amies.

– Quelle charmante femme!

– Ravissante! Une vraie nature d'élite, fort 35 instruite d'ailleurs, et artiste jusqu'au bout des doigts; elle chante à ravir et dessine dans la perfection.»

Le manufacturier causait avec le comte, et au milieu du fracas des vitres un mot parfois jaillissait: 40 «Coupon – échéance – prime – à terme.»

48

impur,e ≠ pur unrein

ramasser *ici:* prendre

aborder qn s'adresser à qn

impertinent,e qui manque de respect
la vertu outragée verletzte Ehre
affairé,e occupé

s'ébranler se mettre en mouvement

humilier demütigen;
l'humiliation f
souiller salir
hypocritement auf scheinheilige Weise

rompre le silence parler le premier après un silence

instruit,e cultivé
à ravir très bien
le fracas un grand bruit
jaillir *ici:* se faire entendre
le coupon vx Dividendenabschnitt
l'échéance f Fälligkeit
la prime Prämie
à terme Termin-

Loiseau, qui avait chipé le vieux jeu de cartes de
l'auberge engraissé par cinq ans de frottement sur les
tables mal essuyées, attaqua un bésigue avec sa
femme.

5 Les bonnes sœurs prirent à leur ceinture le long
rosaire qui pendait, firent ensemble le signe de la
croix, et tout à coup leurs lèvres se mirent à remuer
vivement, se hâtant de plus en plus, précipitant leur
vague murmure comme pour une course d'*oremus*;
10 et de temps en temps elles baisaient une médaille, se
signaient de nouveau, puis recommençaient leur
marmottement rapide et continu.

Cornudet songeait, immobile.

Au bout de trois heures de route, Loiseau ramassa
15 ses cartes: «Il fait faim», dit-il.

Alors sa femme atteignit un paquet ficelé d'où elle
fit sortir un morceau de veau froid. Elle le découpa
proprement par tranches minces et fermes, et tous
deux se mirent à manger.

20 «Si nous en faisions autant», dit la comtesse. On
y consentit et elle déballa les provisions préparées
pour les deux ménages. C'était, dans un de ces vases
allongés dont le couvercle porte un lièvre en faïence,
pour indiquer qu'un lièvre en pâté gît au-dessous,
25 une charcuterie succulente, où de blanches rivières
de lard traversaient la chair brune du gibier, mêlée
à d'autres viandes hachées fin. Un beau carré de
gruyère, apporté dans un journal, gardait imprimé:
«faits divers» sur sa pâte onctueuse.

30 Les deux bonnes sœurs développèrent un rond de
saucisson qui sentait l'ail: et Cornudet, plongeant les
deux mains en même temps dans les vastes poches
de son paletot sac, tira de l'une quatre œufs durs et de
l'autre le croûton d'un pain. Il détacha la coque, la
35 jeta sous ses pieds dans la paille et se mit à mordre à
même les œufs, faisant tomber sur sa vaste barbe des
parcelles de jaune clair qui semblaient, là dedans, des
étoiles.

Boule de suif, dans la hâte et l'effarement de son
40 lever, n'avait pu songer à rien; et elle regardait exas-

chiper *fam* voler

engraissé,e *ici:* sali

un bésigue un jeu de
cartes

se hâter se dépêcher

ficelé,e verschnürt

ferme fest

consentir à être d'ac-
cord pour qc
déballer sortir d'un
paquet
gît de gésir

le paletot sac *vx* un
manteau court

à même *ici:* directe-
ment

la parcelle un petit
morceau

pérée, suffoquant de rage, tous ces gens qui mangeaient placidement. Une colère tumultueuse la crispa d'abord, et elle ouvrit la bouche pour leur crier leur fait avec un flot d'injures qui lui montait aux
5 lèvres; mais elle ne pouvait pas parler tant l'exaspération l'étranglait.

Personne ne la regardait, ne songeait à elle. Elle se sentait noyée dans le mépris de ces gredins honnêtes qui l'avaient sacrifiée d'abord, rejetée ensuite,
10 comme une chose malpropre et inutile. Alors elle songea à son grand panier tout plein de bonnes choses qu'ils avaient goulûment dévorées, à ses deux poulets luisants de gelée, à ses pâtés, à ses poires, à ses quatre bouteilles de bordeaux; et sa fureur tom-
15 bant soudain, comme une corde trop tendue qui casse, elle se sentit prête à pleurer. Elle fit des efforts terribles, se raidit, avala ses sanglots comme les enfants, mais les pleurs montaient, luisaient au bord de ses paupières, et bientôt deux grosses larmes se
20 détachant des yeux roulèrent lentement sur ses joues. D'autres les suivirent plus rapides, coulant comme les gouttes d'eau qui filtrent d'une roche, et tombant régulièrement sur la courbe rebondie de sa poitrine. Elle restait droite, le regard fixe, la face
25 rigide et pâle, espérant qu'on ne la verrait pas.

Mais la comtesse s'en aperçut et prévint son mari d'un signe. Il haussa les épaules comme pour dire: «Que voulez-vous? ce n'est pas ma faute.» Mme Loiseau eut un rire muet de triomphe et murmura:
30 «Elle pleure sa honte.»

Les deux bonnes sœurs s'étaient remises à prier après avoir roulé dans un papier le reste de leur saucisson.

Alors Cornudet, qui digérait ses œufs, étendit ses
35 longues jambes sous la banquette d'en face, se renversa, croisa ses bras, sourit comme un homme qui vient de trouver une bonne farce, et se mit à siffloter *La Marseillaise*.

Toutes les figures se rembrunirent. Le chant
40 populaire, assurément, ne plaisait point à ses voisins.

50

placidement très calmement
tumultueux,se *ici:* violent
crisper irriter
crier son fait à qn crier ouvertement ce que l'on pense de qn
étrangler qn serrer la gorge à qn
le gredin Schuft

goulûment gierig

la corde Seil

le sanglot Schluchzer

filtrer de sortir de
la roche une grosse pierre
la courbe Kurve
rigide *ici:* sans mouvement, immobile

se renverser *ici:* se pencher en arrière

siffloter leise pfeifen
se rembrunir prendre un air sombre, mécontent

Ils devinrent nerveux, agacés, et avaient l'air prêts à hurler comme des chiens qui entendent un orgue de barbarie.

Il s'en aperçut, ne s'arrêta plus. Parfois même il
5 fredonnait les paroles:

> Amour sacré de la patrie,
> Conduis, soutiens, nos bras vengeurs,
> Liberté, liberté, chérie,
> Combats avec tes défenseurs!

10 On fuyait plus vite, la neige étant plus dure; et jusqu'à Dieppe, pendant les longues heures mornes du voyage, à travers les cahots du chemin, par la nuit tombante, puis dans l'obscurité profonde de la voiture, il continua, avec une obstination féroce, son
15 sifflement vengeur et monotone, contraignant les esprits las et exaspérés à suivre le chant d'un bout à l'autre, à se rappeler chaque parole qu'ils appliquaient sur chaque mesure.

Et Boule de suif pleurait toujours; et parfois un
20 sanglot qu'elle n'avait pu retenir passait, entre deux couplets, dans les ténèbres.

agacé,e irrité, énervé
hurler crier très fort
un orgue de barbarie Drehorgel

fredonner chanter à voix basse

morne triste
les cahots *m* **du chemin** die Erschütterungen der Fahrt
<u>une obstination</u> Hartnäckigkeit
féroce brutal, cruel
<u>las,se</u> fatigué

la mesure Takt
le couplet la strophe d'une chanson
les ténèbres *f pl* l'obscurité *f*, le noir

Maupassant:
Ses idées sur la guerre

«Sur l'eau» 1888 (extraits)

Quand je songe seulement à ce mot, la guerre, il me
vient un effarement comme si l'on me parlait de sor-
5 cellerie, d'inquisition, d'une chose lointaine, finie,
abominable, monstrueuse, contre nature. (…)
 Les hommes de guerre sont les fléaux du monde.
Nous luttons contre la nature, l'ignorance, contre les
obstacles de toute sorte, pour rendre moins dure
10 notre misérable vie. Des hommes, des bienfaiteurs,
des savants usent leur existence à travailler, à
chercher ce qui peut aider, ce qui peut secourir, ce
qui peut soulager leurs frères.
 Ils vont, acharnés à leur besogne utile, entassant les
15 découvertes, agrandissant l'esprit humain, élargis-
sant la science, donnant chaque jour à l'intelligence
une somme de savoir nouveau, donnant chaque jour à
leur patrie du bien-être, de l'aisance, de la force.
 La guerre arrive. En six mois, les généraux ont
20 détruit vingt ans d'efforts, de patience et de génie.
 (…)
 Nous l'avons vue, la guerre. Nous avons vu les
hommes redevenus des brutes, affolés, tuer par
plaisir, par terreur, par bravade, par ostentation.
25 Alors que le droit n'existe plus, que la loi est morte,
que toute notion du juste disparaît, nous avons vu
fusiller des innocents trouvés sur une route et
devenus suspects parce qu'ils avaient peur. Nous
avons vu tuer des chiens enchaînés à la porte de leurs
30 maîtres pour essayer des revolvers neufs, nous avons
vu mitrailler par plaisir des vaches couchées dans un
champ, sans aucune raison, pour tirer des coups de
fusil, histoire de rire. (…)

songer à penser à
l'effarement le trouble,
la peur
la sorcellerie la magie
abominable affreux,
horrible
le fléau la catastrophe

un bienfaiteur qn qui
fait du bien

soulager ici: aider
acharné à hartnäckig,
leidenschaftlich
la besogne la tâche, le
travail
entasser ici: faire
beaucoup de (découver-
tes)
l'aisance f une bonne
situation matérielle

par bravade f
par ostentation f pour
montrer fièrement ses
capacités
la notion Begriff

histoire de rire pour
rire

Quand un capitaine a perdu son bâtiment, on le juge et on le condamne, s'il est reconnu coupable de négligence ou même d'incapacité.

Pourquoi ne jugerait-on pas les gouvernements
5 après chaque guerre déclarée? Si les peuples comprenaient cela, s'ils faisaient justice eux-mêmes des pouvoirs meurtriers, s'ils refusaient de se laisser tuer sans raison, s'ils se servaient de leurs armes contre ceux qui les leur ont données pour massacrer, ce
10 jour-là la guerre serait morte ... Mais ce jour ne viendra pas.

cité d'après: Guy de Maupassant: *Sur l'eau*, Paris

le bâtiment *ici:* un grand bateau

la négligence le manque de prudence, d'attention

Maupassant:
Ses idées sur l'art

Préface de «Lettres de Flaubert à George Sand» 1884
(extrait)

La morale, l'honnêteté, les principes sont des choses indispensables au maintien de l'ordre social établi; mais il n'y a rien de commun entre l'ordre social et les lettres. Les romanciers ont pour principal motif d'observation et de description les passions humaines, bonnes ou mauvaises. Ils n'ont pas mission pour moraliser, ni pour flageller, ni pour enseigner. Tout livre à tendances cesse d'être un livre d'artiste.

L'écrivain regarde, tâche de pénétrer les âmes et les cœurs, de comprendre leurs dessous, leurs penchants honteux ou magnanimes, toute la mécanique compliquée des mobiles humains. Il observe ainsi suivant son tempérament d'homme et sa conscience d'artiste. Il cesse d'être consciencieux et artiste, s'il s'efforce systématiquement de glorifier l'humanité, de la farder, d'atténuer les passions qu'il juge déshonnêtes au profit des passions qu'il juge honnêtes.

Tout acte, bon ou mauvais, n'a pour l'écrivain qu'une importance comme sujet à écrire, sans qu'aucune idée de bien ou de mal y puisse être attachée. Il vaut plus ou moins comme document littéraire, voilà tout.

En dehors de la vérité observée avec bonne foi et exprimée avec talent, il n'y a rien qu'efforts impuissants de pions.

Les grands écrivains ne sont préoccupés ni de morale ni de chasteté. Exemple: Aristophane, Apulée, Lucrèce, Ovide, Virgile, Rabelais, Shakespeare et tant d'autres.

l'honnêteté f qualité de qn qui est intègre, qui agit selon des principes moraux
le maintien (de maintenir) Wahrung
les lettres f ici: la littérature
flageller fig critiquer sévèrement

le penchant le goût, la tendance
honteux,se immoral, inavouable
magnanime adj qui a de la grandeur, qui est généreux, noble

farder déguiser la vraie nature de qc en la rendant plus belle qu'elle ne l'est
atténuer rendre moins grave

le pion ici: Stümper

la chasteté Keuschheit

54

Si un livre porte un enseignement, ce doit être
malgré son auteur, par la force même des faits qu'il
raconte.

cité d'après: Maupassant: *Contes et nouvelles II,*
Paris 1973

Préface de «Pierre et Jean» 1888 (extrait)

Faire vrai consiste donc à donner l'illusion complète
du vrai, suivant la logique ordinaire des faits, et non à
les transcrire servilement dans le pêle-mêle de leur
succession.

J'en conclus que les Réalistes de talent devraient
s'appeler plutôt des Illusionnistes.

Quel enfantillage, d'ailleurs, de croire à la réalité
puisque nous portons chacun la nôtre dans notre
pensée et dans nos organes. Nos yeux, nos oreilles,
notre odorat, notre goût différents créent autant de
vérités qu'il y a d'hommes sur la terre. Et nos esprits
qui reçoivent les instructions de ces organes, diverse-
ment impressionnés, comprennent, analysent et
jugent comme si chacun de nous appartenait à une
autre race.

Chacun de nous se fait donc simplement une illu-
sion du monde, illusion poétique, sentimentale,
joyeuse, mélancolique, sale ou lugubre suivant sa
nature. Et l'écrivain n'a d'autre mission que de repro-
duire fidèlement cette illusion avec tous les procédés
d'art qu'il a appris et dont il peut disposer.

cité d'après: Maupassant: *Contes et nouvelles II,*
Paris 1973

transcrire copier
exactement
servilement comme un
esclave, sans originalité
le pêle-mêle le dés-
ordre
la succession la suite

l'odorat *m* le sens par
lequel le nez perçoit les
odeurs

joyeux,se gai, heureux
lugubre très triste

un procédé d'art
künstlerisches Mittel

Vocabulaire thématique: l'armée/la guerre

le fusil Gewehr
le moblot *fam vx* un soldat de la garde nationale mobile
la culotte rouge un soldat de l'infanterie qui portait un pantalon rouge
le fantassin un soldat de l'infanterie
le lignard nom populaire du soldat de l'infanterie de ligne
le franc-tireur un soldat qui n'appartient pas à une armée régulière
le vengeur Rächer
la défaite le fait de perdre une bataille, une guerre
le galon Tresse
pillard qui pille, plündernd
la reconnaissance *ici:* une opération militaire pour obtenir des renseignements *m* sur l'ennemi *m*
la sentinelle Wache
le combat Kampf

la débâcle Zusammenbruch
vaincre gagner
envahisseur eindringend
victorieux,se qui gagne
meurtrier,ère qui tue
piller plündern, ↑ pillard
le sabre Säbel
le détachement un petit groupe de soldats
le vainqueur celui qui a gagné, ↑ vaincre
le chasseur Jäger
la vengeance Rache, ↑ le vengeur
à bout portant de très près
une bordée de mitraille Kugelhagel
se replier se retirer
le retranchement Verschanzung
le casque à pointe Pickelhaube
étrangler tuer qn en lui serrant la gorge
un fourreau de sabre Degenscheide

se revenger ↑ le vengeur
exterminer tuer jusqu'au dernier
le soudard *péj* le soldat
le blocus Belagerung
la forteresse un lieu fortifié pour se défendre
investir envahir, ↑ l'envahisseur
l'assaut *m* l'attaque *f*
la phalange une formation de combat
le mercenaire un soldat qui se bat dans une armée pour de l'argent
le conquérant un chef militaire qui conquiert/ prend un pays étranger
la soldatesque un groupe de soldats brutaux et indisciplinés
la campagne *ici:* une expédition militaire
Ran-tan-plan Tschinderassassa
la dévastation la destruction

Vocabulaire thématique: voyager en diligence

la diligence une voiture à chevaux pour voyageurs
le voiturier *vx* celui qui s'occupe du transport
atteler attacher les chevaux à la voiture
un valet d' écurie *f* celui qui s'occupe des chevaux
le fumier Mist
la litière l'endroit *m* où couchent les chevaux
le grelot une petite cloche
le harnais Pferdegeschirr

la secousse *ici:* le mouvement brusque des chevaux
le sabot ferré beschlagener Huf
le timon Deichsel
le trait Zugseil, Strang
la paille Stroh
le tirage le fait de tirer
le coffre *ici:* Kutschengehäuse
le fouet un instrument dont le cocher se sert pour faire obéir les chevaux
le cocher le conducteur de la diligence

voltiger voler ici et là
cingler frapper avec un fouet
la croupe Kruppe
rebondi,e rond
le timonier le cheval attelé au timon
l'avoine *f* Hafer
la bâche Plane
l'écurie *f* le bâtiment où habitent les chevaux
le fourrage les plantes que mangent les animaux de la ferme
la remise Schuppen
le crottin Pferdemist

Vocabulaire thématique: manger et boire

le lard la graisse du cochon
le cabaret *vx* le café
la gargote un restaurant bon marché
avoir un creux dans l'estomac *m fig fam* avoir faim
un jambonneau un petit jambon
une gourde Feldflasche
le panier Korb
la faïence Steingut
la timbale Becher
confir *ici:* eingemacht werden
la friandise Leckerei
le goulot la partie supérieure, étroite d'une bouteille
un pain Régence *vx* pain léger accompagnant souvent le café
la salive Speichel
la mâchoire la partie de la bouche qui porte les dents *f*
dévorer manger vite et avec grand appétit
jeûner ne pas manger
la cuisse la partie supérieure de la jambe ou de la patte
dépecer mettre en morceaux, déchirer

mâcher kauen, ↑ la mâchoire
la collation un repas léger
avaler hinunterschlukken
mastiquer ↑ mâcher
engloutir ↑ avaler vite de grandes quantités
les entrailles *f* l'intérieur *m* du ventre
déboucher ouvrir une bouteille
la lèvre Lippe
rester à jeun ↑ jeûner
un pâté de foie gras Gänseleberpastete
un pâté de mauviettes Lerchenpastete
un pavé de pont-l'évêque un fromage normand de forme carrée
le petit-four un petit gâteau
le cornichon Gewürzgurke
un oignon Zwiebel
le vinaigre Essig
les crudités *f* des fruits *m* ou légumes *m* crus Rohkost
la digestion Verdauung
la soupière on y sert la soupe
le chou, les choux Kohl

le liquide qc qui coule
le breuvage une boisson d'une composition spéciale
déguster boire ou manger avec plaisir
la feuillette un tonneau de vin contenant environ 135 litres
éplucher enlever la peau d'un légume ou d'un fruit
tremper mettre de la soupe sur du pain
moudre mahlen
une canette une petite bouteille de bière
la chope un grand verre à bière
le lait de poule une boisson chaude et sucrée faite avec du lait et de l'œuf *m*
le potage une soupe aux légumes
le lièvre Hase
succulent,e très bon à manger
haché,e gehackt
onctueux,se *ici:* weich
le croûton (Brot-)Kanten
la coque la partie dure autour de l'œuf
digérer ↑ la digestion

Vocabulaire thématique: la religion

le curé un prêtre catholique
la soutane la robe noire des curés
la bonne sœur la religieuse, une femme appartenant à un ordre religieux
égrener le chapelet den Rosenkranz herbeten
la foi Glaube
le rosaire le chapelet

un dévot *ici: péj.* Heuchler
sacré,e heilig
le bedeau l'employé *m* laïque d'une église
le presbytère la maison du curé
le baptême le sacrement qui rend chrétien
baptiser donner le baptême
absoudre pardonner au sens religieux

ecclésiastique qui se rapporte, appartient à l'église
la casuistique la subtilité en théologie, en questions religieuses
la cornette (Schwestern-)Haube
un oremus une prière, Gebet
se signer faire un signe de croix

Explications historiques

Henri IV
1553–1610; roi de Navarre et de France
le Rubicon
petite rivière entre l'Italie et la Gaule que César
traverse pour marcher contre son adversaire Pompée;
‹passer le Rubicon› synonyme de: prendre une déci-
sion risquée.
Badinguet
surnom donné par ses ennemis à Napoléon III, du
nom de l'ouvrier maçon qui, en 1846, aide le futur
empereur à s'évader de la forteresse de Ham où il est
emprisonné.
du Guesclin
Bertrand, 1320–1380, chevalier qui s'est distingué
dans la guerre contre les Anglais, le type du parfait
chevalier.
Jeanne d'Arc
die Jungfrau von Orléans, 1412–1431, dégage
Orléans assiégé par les Anglais; capturée et vendue
aux Anglais qui la traduisent devant un tribunal
ecclésiatique, elle est condamnée et brûlée vive à
Rouen le 31 mai 1431.
le prince impérial
Eugène, 1856–1879, fils unique de Napoléon III et de
l'impératrice Eugénie.
Judith
héroïne juive qui sauve la ville de Béthulie en tuant
Holopherne, chef des troupes assiégeant la ville,
après avoir fait semblant de se laisser séduire par lui,
7e siècle av. J.-C.
Lucrèce
déshonorée par Sextus, elle se tue après avoir
demandé vengeance, et par là provoque la révolution
de 509 av. J.-C. qui renverse la royauté de Rome.

Cléopâtre
69–30 av. J.-C., reine d'Egypte, célèbre par ses amours avec César et Marc-Antoine.

Annibal à Capoue
allusion aux délices, aux plaisirs dans lesquels l'armée d'Hannibal s'affaiblit à Capoue, après la victoire de Cannes.

la Marseillaise
Cette chanson aux origines révolutionnaires n'est hymne national que depuis un an à l'époque où Maupassant écrit cette nouvelle (1879). Elle paraît encore assez suspecte à beaucoup de gens.

Vocabulaire de l'explication de texte

Erzählform – Le genre narratif

Kurzformen – Les formes brèves du genre narratif

Kurzgeschichte, Erzählung **un récit:** un récit fantastique, absurde, humoristique, réaliste, historique, d'aventures, policier, de science-fiction, etc.

Kurzgeschichte, Novelle **une nouvelle** = un récit relativement court, comportant en général peu de personnages.

Erzählung, Märchen **un conte** = un récit fictif, parfois à caractère fantastique.

Märchen **un conte de fées** = un récit fantastique.

Fabel **une fable** = un petit récit en vers ou en prose, qui introduit ou illustre une morale.

Text, Thema, Titel – Texte, thème, titre

Text **le texte:** le texte est peu compréhensible, facile à comprendre, intéressant, passionnant, convaincant, présente quelques aspects intéressants, (ne) comporte (pas) trop d'invraisemblances, de lieux communs, présente de nombreuses difficultés, est (toujours) d'une certaine, grande actualité.

Inhalt **le contenu, le fond**

Form **la forme:** le texte se présente sous la forme d'un monologue, sous forme de dialogues, etc.

Thema **le thème/le sujet:** l'idée principale, centrale, générale du texte; le texte a pour thème/sujet ..., il traite (de), parle de, évoque/aborde le problème de ...; il s'agit d'un texte sur/concernant ...

Titel **le titre:** le texte a pour titre, s'intitule, est intitulé ...; le titre évoque qc, attire l'attention sur qc; il éveille/pique la curiosité du lecteur, est bien, mal choisi.

Die Handlung und ihr Rahmen – L'action et son cadre

Handlung **l'action** *f:* l'action se passe, se déroule, a lieu, se précipite; elle est compliquée, confuse, (in-)vraisemblable, émouvante, captivante *(fesselnd)*, spectaculaire, etc.

Handlungsablauf, Fabel **l'intrigue** *f:* l'intrigue se (dé-)noue, est centrée autour de ...

Handlungsperspektive **la perspective:** l'action est présentée à distance, sans distance, de l'extérieur, de l'interieur par le narrateur *(Erzähler; ↓).*

Handlungsort, Rahmen **le cadre/le décor:** tel environnement constitue le cadre, le décor du récit/sert de cadre au récit; décrire, brosser, dépeindre un décor; fixer le cadre du récit.

Atmosphäre **l'atmosphère** *f:* l'atmosphère est tendue/détendue, fantastique; créer une atmosphère de ...; baigner dans une atmosphère de mystère, de grisaille *(f; grau in grau).*

Situation **une situation:** une situation quotidienne, inattendue, embrouillée *(verwickelt)*, fantastique, absurde; un retournement de situation = un coup de théâtre *(Knalleffekt ↓).*

Ereignis	**un événement:** un événement imprévu, malencontreux *(unglücklich)*, grave; un événement survient, arrive, se déroule, a lieu; relater, raconter, rapporter, narrer des événements.
Konflikt	**un conflit:** un conflit prend naissance, s'amorce *(entsteht)*, s'aggrave, se résout; être, entrer en conflit avec qn.
Knalleffekt	**un coup de théâtre** = un brusque changement de situation.
Beweggrund	**un mobile** = la cause d'une action.
Grund	**un motif** = la raison d'un acte, d'un comportement.

Personen – Les personnages

Person	**un personnage:** un personnage très typé, hors du commun, tragique, comique, énigmatique *(rätselhaft)*, diabolique, etc.; le personnage est présenté de façon *explicite* (son physique et son caractère sont décrits par le narrateur – *Erzähler* (\downarrow) – ou dépeints par un autre personnage), ou *implicite* (c'est au lecteur de se faire une idée du personnage à partir de ses actes et de son environnement).
Protagonist	**un/une protagoniste**
Hauptperson	**le personnage principal**
Held	**le héros/l'héroïne** = le personnage principal, souvent présenté de manière positive.
Personenbeschreibung	**un portrait:** tracer, brosser, faire le portrait physique/moral d'un personnage.
das Äußere	**le physique:** être, avoir l'air, sembler, paraître solide, robuste, chétif *(schwächlich)*, maladif, etc.
Charakter	**le caractère:** avoir bon/mauvais caractère, un caractère froid, flegmatique, exubérant *(überschwenglich)*, passionné, complexe, etc.
Charakterzug	**un trait de caractère**
Verhalten	**le comportement** = la façon d'agir.

Autor, Erzähler, Erzählhaltung – L'auteur, le narrateur, l'attitude narrative

Autor	**l'auteur** m = celui qui écrit le récit; l'auteur écrit à la 1ère personne *(Ich-Erzähler)*, à la 3e; il présente un rapport objectif sur/concernant qc, il montre, démontre, prouve, apporte la preuve que …; il dénonce, démasque, cherche à démystifier; il présente sa vision du monde, la société; il crée, évoque, dépeint un monde/un univers réaliste, imaginaire, idéalisé, angoissant, tragique.
Erzähler	**le narrateur** = celui qui raconte l'histoire.
Erzählhaltungen	**les attitudes narratives** *f:* il y en a deux, qui correspondent à deux types de récits.
1. Erzählhaltung	1ère **attitude narrative:** lorsque l'histoire est racontée par un narrateur absent du récit, il a un rôle d'observateur, de spectateur, de témoin. Il est alors …

beobachtender/ auktorialer Beobachter	**le narrateur-témoin:** il raconte l'histoire à la 1ère personne; il n'évoque des personnages que ce que l'on peut enregistrer de l'extérieur; seuls les personnages peuvent exprimer leurs propres pensées et sentiments.
allwissender Erzähler	**le narrateur omniscient:** il raconte l'histoire à la 3e personne; il sait tout sur les pensées et les sentiments des personnages, et les communique tous, ou en partie seulement, au lecteur; il arrive, cependant, qu'il se contente d'adopter le point de vue d'un ou de quelques personnages.
2. Erzählhaltung	2e attitude narrative: le narrateur raconte l'histoire à la première personne, mais il n'est plus absent du récit: il en est le héros ou l'un des personnages. Il est alors …
personaler Erzähler	**le narrateur-protagoniste**

Struktur, Aufbau – La structure

Gliederung	**la composition:** le texte se compose de, est composé de, comprend, peut être divisé en plusieurs parties.
Einleitung, Exposition	**l'exposition** f = l'introduction f.
Entwicklung	**le développement:** le développement de l'action (↑), de l'intrigue (↑).
Überleitung	**la transition:** la transition est brusque, imperceptible (unmerklich); passer sans transition d'une idée à une autre.
dramatische Spannung	**la tension dramatique:** la tension monte, augmente, croît, diminue.
Steigerung	**l'intensification** f: l'intensification de la tension dramatique.
Höhepunkt	**le point culminant:** le point culminant est atteint lorsque la tension dramatique est la plus forte.
Krise	**la crise** = le point culminant du conflit (↑), après lequel l'intrigue (↑) se dénoue.
Lösung, Schluß	**le dénouement:** un dénouement prévisible, bien amené, brusque, inattendu.

Sprache und Stil – La langue et le style

Sprache	**la langue**
Wortwahl	**le choix des mots/termes**
Schlüsselwort	**le mot-clé**
Grundbedeutung	**le sens propre:** ce terme est employé au sens propre.
übertragene Bedeutung	**le sens figuré:** ce terme est employé au sens figuré.
Begriff	**un terme**
Spezialbegriff, Fachausdruck	**un terme technique**

bildlicher Ausdruck	une expression imagée
umgangssprachlich	**familier,-ière:** en français familier.
„Slang", Argot	**l'argot** *m:* en argot
Argotausdruck	**une expression argotique**
veraltet	**vieilli,e**
gewählt	**soigné,e/recherché,e**
Stil	**le style:** le style est élégant, brillant, soigné, recherché, poétique; les figures *f* de style *(Stilfiguren;* ↓*)*.

Stilfiguren – Les figures de style

Antiphrase	**une antiphrase** = un procédé ironique par lequel on dit le contraire de ce qu'on pense *(Dracula, ce jeune homme charmant)*.
Anapher	**une anaphore** = la répétition d'un ou de plusieurs mots en début de phrase *(«Sur ton visage heureux, sur cette ville heureuse, ...»;* Prévert*)*.
Aufzählung	**une énumération** = la coordination ou la juxtaposition de plusieurs termes appartenant souvent au même champ lexical.
Bild	**une image** = la présentation d'une idée sous forme d'image (expression de l'abstrait par le concret).
Vergleich	**une comparaison** = la liaison de plusieurs mots à l'aide d'un terme de comparaison: p. ex. *comme (belle comme le jour)*.
Ellipse	**une ellipse** = une phrase ou une expression à laquelle il manque un ou plusieurs mots *(Ensuite!* pour *Qu'est-ce qui s'est passé ensuite!)*.
Euphemismus	**un euphémisme** = le fait de remplacer une expression dure ou choquante par une autre qui l'est moins *(prodiguer ses faveurs à qn* pour *avoir des rapports sexuels avec qn)*.
Personifikation	**une personnification** = le fait de présenter une notion abstraite ou une chose sous les traits d'une personne *(C'est un Adonis.* pour *Il est beau.)*.
Pleonasmus	**un pléonasme** = le renforcement d'un mot ou d'une expression par un mot ou une expression de même sens *(une si noire obscurité)*.
Umschreibung, Periphrase	**une périphrase** = le fait d'évoquer une chose ou une personne sans les nommer expressément *(la ville-lumière* pour *Paris)*.
Übertreibung, Hyperbel	**une hyperbole** = une expression volontairement exagérée *(Je t'aime à la folie.)*.
Untertreibung, Litotes	**une litote** = une expression qui dit peu pour faire entendre plus *(Ce n'est pas mal.* pour *C'est très bien.)*.
Wortspiel	**un jeu de mots** = une plaisanterie qui repose sur la confusion de deux significations d'un même mot ou sur la confusion de deux termes qui présentent une ressemblance phonétique *(«Les miroirs feraient bien de réfléchir avant de renvoyer les images.»;* Cocteau*)*.